# ENSEÑAR

## COMO NUNCA

## LA

# ORTOGRAFÍA

## DE SIEMPRE

B/V?

GUÍA
*PARA*
EDUCACIÓN
PRIMARIA

## JESÚS TÁBARA CARBAJO

EOLAS
ediciones

©Textos: Jesús Tábara Carbajo

©Diseño de cubierta: Víctor Fuertes Melón

©EOLAS ediciones

www.eolasediciones.es / info@eolasediciones.es
Primera edición: mayo 2026
ISBN: 979-13-87753-95-5
Depósito legal: LE 196-2026

# ÍNDICE GENERAL DE CONTENIDOS

# LA ORTOGRAFÍA SÍ IMPORTA

«La ortografía se ha convertido en una ciencia infusa, que nadie enseña y que nadie aprende».

Jaime Campmany, *Diario ABC*

**Querida maestra, querido maestro:**

Es evidente que la adquisición de la competencia ortográfica forma parte de un logro mucho más complejo: la competencia para comunicarse por escrito. Sin embargo, este objetivo tan ambicioso solo podrá alcanzarse si se reconoce la ortografía como un conocimiento fundamental en los primeros años de escolaridad, algo que se puede y se debe enseñar. Por eso, para facilitar su aprendizaje, se ha elaborado esta guía didáctica, que presenta una metodología ortográfica clara y sencilla, pero extraordinariamente eficiente.

El manual consta de dos partes bien diferenciadas: unas orientaciones para el profesorado y algunas páginas —anexos— con material fotocopiable para los alumnos. En él tienen cabida todos los contenidos propios de la Educación Primaria (y algunos más). Aunque muchos de estos conocimientos se presentan de forma progresiva, según sus diferentes niveles de complejidad, conviene que el docente los revise y los distribuya por cursos de acuerdo con las necesidades reales de cada grupo y de cada alumno.

Por otra parte, esta obra reúne teoría y práctica. Los aspectos teóricos se presentan de forma simple, evitando el uso de conceptos que, por su exigencia, pudieran resultar de difícil comprensión para un alumnado tan joven. En cuanto a la práctica ortográfica, aparecen en el texto numerosas y variadas actividades: algunas de carácter oral (🖵) y otras —la mayoría— escritas (🖳). Además, con algunos contenidos, se han incluido diversos «trucos» (🖳) que facilitarán a los alumnos el recuerdo de las normas necesarias para aprender a escribir correctamente.

Sea como fuere, y antes de comenzar, conviene reflexionar sobre algunas «cosas»:

 **1**  No conduce bien quien ha de pensar lo que tiene que hacer a cada paso. Los buenos conductores lo son porque han automatizado todos los movimientos que intervienen en la conducción y los realizan inconscientemente.

De igual manera, el aprendizaje de la ortografía ha de evolucionar desde la «ignorancia consciente» de los primeros años (no sé cómo se escribe una palabra y me doy cuenta de ello) hasta el «saber inconsciente» del buen escritor (sé cómo se escribe y lo hago sin darme cuenta).

**Por tanto, conviene aprender pronto y bien la ortografía para poder olvidarse de ella cuanto antes.**

**2** En la mayoría de los aprendizajes existen diferentes grados de aproximación al conocimiento: a medida que se asimilan contenidos, se sabe más sobre el tema. Así, por ejemplo, un niño, a los dos años, denomina «brun brun» a todo vehículo de más de dos ruedas; pero solo más tarde, cuando haya aprendido las palabras «camión», «tranvía», «autobús» o «tren», las usará correctamente.

En el lenguaje escrito, en cambio, algunos aspectos, como la ortografía, no admiten aproximaciones: una palabra solo puede estar bien escrita o mal escrita.

**Por tanto, si ante un niño que está aprendiendo a hablar se hace lo posible por entender sus balbuceos y se le ofrece ayuda, ¿por qué no se tiene esa misma actitud con quien está aprendiendo a escribir? Paciencia y perseverancia.**

**3** Enseñar ortografía requiere la posesión de una «conciencia ortográfica» en el profesorado. Este hecho es clave, porque la importancia que el alumno dé a la escritura correcta dependerá, en gran medida, del interés que muestren sus profesores por ella.

**Por tanto, si se desea que los alumnos aprendan a escribir sin errores, se debe contagiar entusiasmo por el estudio de la ortografía. Si esto se tiene, casi cualquier método es válido; si esto no se logra, casi nada sirve.**

**4** Aparte de la conciencia ortográfica del profesor, también es determinante, como en todo aprendizaje, la motivación del alumno. Pero la ortografía resulta un conocimiento árido y poco motivador; por esta razón, si lo que se enseña no es atractivo por sí mismo, es muy importante conseguir la atención del alumno por la forma de enseñarlo.

Ahora bien, se ha de estar vigilante para que los aprendices no confundan el objetivo: el fin de las actividades ortográficas, por muy amenas que resulten, sigue siendo aprender ortografía, no simplemente pasar un rato agradable.

**Por tanto, se debe recurrir, en la enseñanza de la ortografía, a la realización de ejercicios estimulantes, pero sin camuflar el verdadero objetivo del estudio.**

**5** La enseñanza de la ortografía ha de convertirse en una actividad dialogada: diálogo entre profesor y alumno, pero también diálogo entre compañeros. Verbalizar y razonar el porqué de una letra, de una tilde o de un signo de puntuación tiene, en estos primeros momentos, un gran valor didáctico.

**Por tanto, si algo escrito debe seguir unas normas establecidas, hablar sobre ellas con profesores y compañeros facilitará al alumno el conocimiento y el recuerdo de las propias reglas.**

**6** Aunque algunos autores proponen enseñar exclusivamente la ortografía a partir de la presentación de un texto; otros estudiosos defienden que, en los primeros años de escolaridad, resulta muy «rentable» crear situaciones «forzadas», aparentemente fuera de contexto, que exijan el aprendizaje de una lista de palabras con determinadas dificultades ortográficas. Esta exigencia memorística tiene su justificación: la grafía de la mayoría de las palabras no responde a ninguna regla.

Es más, incluso cuando el aprendizaje de la lectoescritura se realice de manera global y contextualizada, el docente ha de saber aislar, en una situación de globalidad, el «momento ortográfico», porque solo así se podrá hacer reflexionar al niño sobre la forma que presenta lo escrito: la relación entre las palabras, las similitudes entre ellas, la generalización de las reglas, etc.

Pero, aunque por economía de tiempo y esfuerzo se proponga, en determinados casos, el aprendizaje de la ortografía de una palabra aislada de un texto, se ha de procurar que el alumno conozca siempre su significado. Este conocimiento es imprescindible, ya que resulta muy difícil recordar la escritura de una palabra cuyo significado se desconoce.

Además, el profesor ha de estar vigilante para que el alumno que aprende la escritura correcta de una palabra, aunque sea de forma aislada, adquiera al mismo tiempo la capacidad de usarla en situaciones reales de escritura.

**Por tanto, en los primeros años de escolaridad, la enseñanza de la ortografía puede requerir el estudio memorístico —aparentemente descontextualizado— de algunas palabras con dificultades ortográficas. Puede hacerse: es muy rentable.**

**7** La enseñanza de la ortografía rechaza la uniformidad metodológica: las herramientas que utiliza el profesorado para facilitar su aprendizaje no resultan siempre válidas para todos, pues cada alumno aprende de manera diferente y a ritmos distintos.

Este problema se complica porque, además de aprender de formas distintas, un mismo alumno no asimila todas las palabras de igual manera: unas las aprende como ideogramas; otras, las transcribe a partir de los sonidos o por asociación con vocablos de la misma familia; otras, por aplicación de alguna regla, etc.

Dada, pues, esta diversidad de aprendizajes, la mejor garantía para que la enseñanza de la ortografía incida en las diferentes formas de aprender es que esta sea variada (para llegar a todos) y específica para cada contenido (las palabras que siguen una regla no se pueden enseñar de la misma manera que aquellas cuya grafía responde a un criterio distinto).

**Por tanto, si se aprende de formas diferentes, se enseñará de maneras distintas.**

**8** Es evidente que el hábito lector y una buena memoria visual favorecen la adquisición de una correcta ortografía. Pero también es cierto que algunos alumnos cometen errores ortográficos en palabras que han visto escritas un montón de veces; no es extraño que un alumno escriba «juebes» después de haber visto durante varios años la fecha en la pizarra. Esto ocurre porque un niño que lee, y que por su propia naturaleza tiene conductas inteligentes, presta más atención al significado de lo que está leyendo que a la forma de las palabras. Al copiar un texto, el alumno que ve la palabra «árbol» y escribe en su cuaderno «arvol» está transcribiendo el significado de lo que ha leído, no la forma de la palabra. La lectura de un cuento, por ejemplo, en el que se han utilizado muchos vocablos con dificultad ortográfica para forzar su aprendizaje, puede no lograr su objetivo si el alumno se deja llevar por la trama y no presta atención a la forma de las palabras.

**Por tanto, si la ortografía es cuestión de formas, se propondrán a los alumnos actividades que les impidan ser arrastrados por lo que se dice y que les fuercen a fijarse expresamente en la forma de lo que está escrito.**

**9** En la enseñanza de la ortografía conviene distinguir entre los errores cometidos por desconocimiento y los errores motivados por un conocimiento erróneo: no es igual escribir, por ejemplo, la misma palabra unas veces con *v* y otras con *b* (*iban/ivan*) que reproducir siempre la palabra con el mismo error (*ivan*). En el primer caso el alumno no ha aprendido la grafía correcta, pero en el segundo caso el aprendizaje está adquirido y asentado..., aunque incorrectamente.

**Por tanto, conocer la causa de un error y saber de qué tipo de error se trata es el mejor camino para solucionarlo.**

**10** La evaluación de la ortografía ha sido concebida tradicionalmente con una actitud negativista: se evalúa, casi siempre, a partir del número de errores y no del número de aciertos. O, lo que es lo mismo, tanto el profesor como el alumno no son conscientes de lo que se sabe, sino de lo que se ignora.

No obstante, esta actitud puede aprovecharse para llevar a cabo una enseñanza eficaz a partir de los propios errores (en letras, 20 %; en acentuación, 60 %; en puntuación, 20 %). Y la forma más rentable para que el error ayude en el aprendizaje es «vivirlo»; sirven para muy poco esos cuadernos corregidos sin la presencia del alumno y devueltos después de un tiempo.

**Por tanto, si el error es vivido por el alumno en el momento de cometerlo, o si trae consigo alguna «consecuencia» (positiva —preferible— o negativa), adquirirá entonces toda su potencia motivadora, ya que logrará dejar «recuerdo» en quien aprende.**

# PROGRAMACIÓN DE LA ORTOGRAFÍA EN EDUCACIÓN PRIMARIA

Programar la enseñanza de la ortografía en Educación Primaria no es tarea fácil; más bien resulta un trabajo complejo, porque dar a cada uno exactamente lo que necesita y hacerlo al ritmo del que aprende... es muy complicado.

No obstante, se ofrece a continuación una programación orientativa de los diferentes contenidos ortográficos, útil, sobre todo, para aquellos centros que deseen llevar a cabo un aprendizaje planificado de esta materia a lo largo de toda la etapa de primaria.

Ahora bien, queda en manos de cada docente decidir el momento más adecuado para practicar lo que aquí se propone. Este trabajo se puede llevar a cabo como tratamiento a base de pequeñas «píldoras» diarias o realizarlo en periodos más largos y distanciados en el tiempo. Incluso sería muy recomendable realizar, al menos una vez durante el curso, algún tipo de torneo ortográfico con las actividades expuestas en este libro o con otras creadas para este fin por el propio profesorado.

La programación, quizá demasiado ambiciosa, se presenta en tres grandes bloques: ortografía de la letra, ortografía de la acentuación y ortografía de la puntuación.

| ORTOGRAFÍA DE LA LETRA | CURSOS | | | |
| --- | --- | --- | --- | --- |
| | Tercero | Cuarto | Quinto | Sexto |
| Reglas generales (*págs. 15-27 y anexo 1*) | Nivel 1 Reglas 1-13 | Nivel 2 Reglas 14-20 | Nivel 3 Reglas 21-24 | Repaso |
| Vocabulario de Errores Frecuentes (*págs. 28-36 y anexo 2*) | Nivel 1 171 palabras | Nivel 2 182 palabras | Nivel 3 182 palabras | Repaso |
| Palabras que suenan igual o parecido (*págs. 37-44*) | Cuando el contexto lo requiera | | | |
| Expresiones en una o más palabras con significado diferente/igual (*págs. 45-46*) | Cuando el contexto lo requiera | | | |
| Expresiones con prefijos (*pág. 47*) | Cuando el contexto lo requiera | | | |
| Expresiones con números (*págs. 48-49*) | | ☑ | Repaso | Repaso |
| Letras mayúsculas (*págs. 50-66 y anexo 3*) | Nivel 1 Reglas 5-10 | Nivel 2 Reglas 11-17 | Nivel 3 Reglas 18-24 | Repaso |

| ORTOGRAFÍA DE LA ACENTUACIÓN | CURSOS | | | |
|---|---|---|---|---|
| | Tercero | Cuarto | Quinto | Sexto |
| Reglas generales (*págs. 68-79 y anexo 4*) | Comenzar en el último trimestre | ☑ | ☑ | Repaso |
| Tilde diacrítica (*págs. 80-81*) | | | ☑ | Repaso |
| Tilde en aún/aun y tildes desaparecidas (*pág. 82*) | | Informar sobre tildes desaparecidas | Aún/aun | Repaso |
| Reglas especiales de acentuación (*págs. 83-84*) | | | | ☑ |

| ORTOGRAFÍA DE LA PUNTUACIÓN | CURSOS | | | |
|---|---|---|---|---|
| | Tercero | Cuarto | Quinto | Sexto |
| Punto (*págs. 88-89*) | ☑ | Repaso | Repaso | Repaso |
| Coma en las enumeraciones (*págs. 90-91*) | ☑ | Repaso | Repaso | Repaso |
| Interrogación y exclamación (*págs. 92-93*) | ☑ | Repaso | Repaso | Repaso |
| Coma con información secundaria (*págs. 94-96*) | | ☑ | Repaso | Repaso |
| Raya en los diálogos (*págs. 97-99*) | | ☑ | Repaso | Repaso |
| Coma y punto y coma delante de *pero*... (*págs. 100-101*) | | ☑ | Repaso | Repaso |
| Guion al final de línea (*págs. 102-103*) | | | ☑ | Repaso |
| Dos puntos (*págs. 104-106*) | | | ☑ | Repaso |
| Puntos suspensivos (*págs. 107-109*) | | | ☑ | Repaso |
| Otras normas de puntuación (*págs. 110-126*) | Solo para el profesorado | | | |

# ORTOGRAFÍA DE LAS LETRAS

# EL NOMBRE DE LAS LETRAS

Las letras que componen el abecedario español son 27. Aquí figuran en sus grafías mayúscula y minúscula. Cada letra se acompaña del nombre recomendado por la Real Academia Española en su *Ortografía de la lengua española* (2010).

| a, A | b, B | c, C | d, D | e, E | f, F | g, G | h, H | i, I |
|------|------|------|------|------|------|------|------|------|
| *a* | *be*[1] | *ce* | *de* | *e* | *efe* | *ge* | *hache* | *i*[2] |

| j, J | k, K | l, L | m, M | n, N | ñ, Ñ | o, O | p, P | q, Q |
|------|------|------|------|------|------|------|------|------|
| *jota* | *ka* | *ele* | *eme* | *ene* | *eñe* | *o* | *pe* | *cu* |

| r, R | s, S | t, T | u, U | v, V | w, W | x, X | y, Y | z, Z |
|------|------|------|------|------|------|------|------|------|
| *erre*[3] | *ese* | *te* | *u* | *uve*[4] | *uve doble*[5] | *equis* | *ye*[6] | *zeta*[7] |

Los signos **ch** (*che*) y **ll** (*elle*) ya no forman parte del abecedario (no son letras, sino dígrafos). También son dígrafos **gu**, **qu** y **rr**.

1. En la mayor parte de América, la letra **b** también se conoce como *be larga*, *be grande* o *be alta*.

2. Se denomina *i latina* cuando se contrapone a la *i griega*.

3. La **r**, tanto en su sonido fuerte como en el suave, se denomina siempre *erre* (*nunca ere*).

4. La letra **v** también se conoce en América como *ve*, *ve chica*, *ve baja*, *ve pequeña* o *ve corta*.

5. La **w** admite en América las denominaciones *ve doble*, *doble ve*, *doble u* y *doble uve*.

6. Para la letra **y**, se prefiere la denominación *ye* a *i griega*.

7. La letra **z** solo se denominará *zeta*; desaparecen, por tanto, otros nombres utilizados hasta ahora: *ceda*, *zeda*, *seta* o *ceta*.

# REGLAS GENERALES

En este manual no se presenta el estudio memorístico de las normas ortográficas, sino el aprendizaje de las mismas a partir de las denominadas «reglas esquematizadas».

¿Qué es una regla esquematizada? Es la representación gráfica de una determinada secuencia de letras que se repite en varias palabras, siempre en el mismo orden y en el mismo lugar. Todas las reglas que se proponen en este apartado siguen uno de los cuatro modelos que se exponen a continuación:

| ESQUEMAS REGLAS | ENUNCIADO DE LAS REGLAS |
|---|---|
| **hue-** | Secuencia de letras + guion → PALABRAS QUE EMPIEZAN<br>Ej.: Se escriben con *h* las palabras que EMPIEZAN por *hue-: hueco...* |
| **-aje** | Guion + secuencia de letras → PALABRAS QUE ACABAN<br>Ej.: Se escriben con *j* las palabras que ACABAN en *-aje: masaje...* |
| **br** | Secuencia de letras sola → SE CUMPLE SIEMPRE (no importa el lugar)<br>Ej.: Se escribe SIEMPRE *b* delante de *r: brazo, sobre...* |
| **-z/ces** | Barra en medio → PALABRAS QUE PERMITEN COMPARACIONES<br>Ej.: Se escribe *z* si el plural de la palabra acaba en *-ces: coz (coces)...* |

**¿Cómo se enseñan las reglas de la ortografía de las letras?** Para la enseñanza de las reglas, se propone la realización de ejercicios que implican la visualización reiterada del esquema de la norma. Así se aprenden de forma intuitiva y sin esfuerzo.

En este apartado figuran las 24 normas que se consideran más rentables, ya que son aplicables a un amplio número de palabras y apenas tienen excepciones. Para facilitar su programación, se han agrupado en tres niveles: nivel 1 (reglas: 1-13); nivel 2 (reglas: 14-20) y nivel 3 (reglas: 21-24).

Las reglas siempre se enseñarán de la misma manera: primero, se estudiarán de una en una, utilizando para ello la actividad 1 (pág. 24). Una vez que haya finalizado el estudio individualizado de todas las normas de un nivel, se llevará a cabo su repaso, escogiendo, en este caso, cualquiera de las actividades 2, 3 o 4 (págs. 25-27).

A continuación se presentan las reglas elegidas. Para evitar errores de interpretación —no para aprenderlas de memoria—, se ofrece al lado del esquema de cada norma el texto que la explica y algunos ejemplos.

*radio, rama, rana, rápido, raro, rato, ratón, regalo, raza, razón, real, realizar, realmente, rebote, riesgo, reto, recordar, recuperar, referirse, reglas, regresar, reina, religión, reloj, representar, respeto, respuesta, restaurante, resto, resultado, reunión, rey, rico, rima, rincón, río, risa, ritmo, rizo, roca, rojo, romero, ropa, rosa, rostro, ruta, ruido...*

**1**

**r-**

**Se escribe una sola *r***
**para su sonido fuerte al comienzo de palabra.**

*aburrido, arrastrar, arreglar, arrestado, territorio, chorro, carrera, corral, carretera, corro, terremoto, carro, herrero, carroza, corredor, terreno, torrente, correo, terraza, correr, correspondiente, corriente, derrame, derrota, encerrado, enterrado, derretir, error, marrón, ocurrir, parra, perro, porra, porrazo, sierra, tierra, terror, arruga, tarro, carril...*

**2**

**-rr-**

**Se escribe *rr***
**para su sonido fuerte entre vocales.**

*águila, alguien, amiguito, carguero, sanguijuela, conseguí, cuelgue, despegue, distingue, distinguido, encargué, enseguida, entregué, erguido, extinguido, guía, guijarro, guion, guionista, guiso, sanguíneo, juegue, juguete, siguiente, seguidor, llegue, seguí, madriguera, manguera, pagué, pegué, perseguía, pliegue, portugués, sigue...*

**3**

**gue
gui**

**Se escribe *gu* delante de *e* y de *i***
**para el sonido /g/ (como en *gato*).**

**4**

*alquiler, aquel, aquí, arquitecto, asqueroso, ataque, aunque, chaqueta, tranquilo, choque, conquistar, cualquiera, química, monarquía, porquería, quemar, enfoque, quitar, pequeño, equipo, esquina, etiqueta, parque, izquierdo, líquido, poquito, máquina, duque, marqués, orquesta, paquete, quedar, querer, queso, quien, quieto, quizás, cheque...*

**que
qui**

**Se escribe *qu* delante de *e* o *i*
para el sonido /k/ (como en *queso*).**

**5**

*alcance, Alicia, aparece, atención, cárcel, conocer, cena, central, cerca, ceremonia, cero, cielo, cierto, cinco, cine, cita, continuación, decidió, decir, gracias, dice, diferencia, difícil, distancia, inocente, funciona, dulce, edificio, encima, entonces, escenario, espacio, estación, excelente, experiencia, fácil, francés, cima, amanece, juicio, doce...*

**ce
ci**

**Se escribe *c* delante de *e* o *i*
cuando suene como *z*. Excepciones: Ezequiel, nazi, zeta...**

**6**

*adorable, agradable, amable, blanco, blusa, cable, considerable, culpable, diablo, poblado, disponible, doble, estable, establecimiento, establo, formidable, hablar, increíble, miserable, mueble, noble, notable, obligado, desagradable, población, posible, potable, problema, pública, público, pueblo, sensible, tabla, doblar, flexible, Pablo...*

**bl**

**Se escribe *b* y nunca *v*
delante de la consonante *l*.**

**7**

*abrazo, abrelatas, abrigo, abril, abrir, abrocharse, Brasil, brazo, brecha, brillante, brindar, brisa, broma, bruja, brújula, bruto, cabra, cobrar, cobre, descubre, descubrimiento, cubrir, fábrica, febrero, fibra, fiebre, Gabriel, sobre, habría, libre, librería, libro, maniobra, obrero, octubre, sobrino, palabra, pobre, pobreza, sabrá, sobra, brinco, obra...*

**Se escribe *b* y nunca *v*
delante de la consonante *r*.**

**br**

---

**8**

*ámbar, ambiental, ambiente, ambos, ambulante, comba, simboliza, embotellar, también, rumba, cambio, caramba, catacumbas, Colombia, combate, combinar, desembarcar, desembocadura, embajador, embarcarse, intercambio, embarazo, tumbado, embudo, mambo, embutido, símbolo, tambor, embalse, tumba...*

**Se escribe *m* y nunca *n*
delante de *b*.**

**mb**

---

**9**

*acompañado, imperio, importante, amplio, cumplir, campamento, campeón, empezar, campo, empresa, compañero, comparación, trompeta, complicado, tiempo, siempre, compartir, completo, compositor, componentes, comprar, comprender, computadora, cumpleaños, impuesto, impresión, empate, limpiar, emperador, empleado, trampa...*

**Se escribe *m* y nunca *n*
delante de *p*.**

**mp**

**10**

hie*dra*, hie*l*, hie*lo*, hie*la*, hie*na*, hie*rba*, hie*rbabuena*, hie*rbajo*, hie*rbal*, hie*rbas*, hie*re*, hie*rbazal*, hie*rve*, hie*rvan*, hie*rvo*, hie*rven*, hie*le*, hie*lan*, hie*les*, hie*rras*, hie*rbaluisa*, hie*rbero*, hie*rro*, hie*ren*, hie*ra*, hie*ran*...

**Se escribe _h_**
**en las palabras que empiezan por _hie-_.**

**hie-**

**11**

hue*co*, hue*le*, hue*lga*, hue*va*, hue*lla*, hue*érfano*, hue*rta*, hue*rto*, hue*so*, hue*ésped*, hue*ste*, hue*suda*, hue*vas*, hue*vo*, hue*vera*, hue*vería*, hue*sudo*, hue*ca*, hue*lo*, hue*les*, hue*len*, hue*lan*, hue*érfana*, hue*rtano*, hue*rtana*, hue*vazo*...

**Se escribe _h_**
**en las palabras que empiezan por _hue-_.**

**hue-**

**12**

alcantar*illa*, amar*illa*, amar*illo*, ard*illa*, ast*illa*, gr*illo*, cam*illa*, cap*illa*, cas*illa*, cast*illo*, colm*illo*, cost*illa*, cuadern*illo*, cuch*illa*, cuch*illo*, gat*illo*, ladr*illo*, p*illa*, manzan*illa*, marav*illa*, mart*illo*, mej*illa*, mercad*illo*, or*illa*, pal*illo*, pand*illa*, pantorr*illa*, pap*illa*, pas*illo*, past*illa*, pepin*illo*, pesad*illa*, pest*illo*, pit*illo*, plant*illa*, solom*illo*, bigot*illo*, torn*illo*, carr*illo*...

**Se escribe _ll_**
**en las palabras que acaban en _-illo_ o _-illa_.**

**-illo**
**-illa**

| | | |
|---|---|---|
| **Nivel 1** **13** | *activo/a, constructivo/a, nutritivo/a, adoptivo/a, afirmativo/a, atractivo/a, auditivo/a, negativo/a, caritativo/a, cautivo/a, colaborativo/a, colectivo/a, comunicativo/a, deportivo/a, creativo/a, nativo/a, definitivo/a, educativo/a, digestivo/a, festivo/a, cooperativo/a, emotivo/a, positivo/a, conflictivo/a, decorativo/a, destructivo/a...* | **-tivo -tiva** |

**Se escribe v**
**en las palabras que terminan en -tivo, -tiva.**

| | | |
|---|---|---|
| **Nivel 2** **14** | *ejecuta, ejecutadas, ejecutado, ejecutan, ejecutante, ejecutar, ejerzo, ejes, ejecutoria, ejerzamos, ejerzáis, eje...*<br><br>**NOTA:** No se han seleccionado palabras como *ejemplo, ejercicio, ejercitar* o *ejército*, ya que, al responder a más de una regla, es posible que crearan confusión en la realización de los ejercicios. | **eje-** |

**Se escribe j**
**en las palabras que empiezan por eje-.**

| | | |
|---|---|---|
| **Nivel 2** **15** | *largometraje, baje, camuflaje, chantaje, hospedaje, contraespionaje, vendaje, coraje, patinaje, dopaje, encaje, espionaje, fichaje, follaje, garaje, homenaje, kilometraje, cortometraje, masaje, porcentaje, traje, mensaje, montaje, oleaje, paisaje, plumaje, trabaje, paje, pasaje, peaje, peregrinaje, personaje, pillaje, viaje, salvaje, viraje...* | **-aje** |

**Se escribe j**
**en las palabras que acaban en -aje.**

**16**

*ingenioso, agenda, margen, virgen, agente, origen, protegen, alienígena, urgente, primogénito, dirigen, generador, dirigente, eligen, exigente, generaciones, general, generar, género, generoso, genes, genial, genio, gente, imagen, indígena, ingeniería, ingenuo, ingeniero, ingenio, legendario, nitrógeno, oxígeno, sargento, surgen...*

**gen**

### Se escribe *g* en el grupo *gen*.
Excepto: a*jen*o, beren*jen*a y las formas de los verbos terminados en –*jar* (bajar/ba*jen*), -*jer* (tejer/te*jen*), -*jir* (crujir/cru*jen*).

**17**

*posibilidad (posibilidades), actividad (actividades), localidad (localidades), curiosidad (curiosidades), oportunidad (oportunidades), cantidad (cantidades), autoridad (autoridades), dificultad (dificultades), edad (edades), mitad (mitades), pared (paredes), amistad (amistades), ciudad (ciudades), enfermedad (enfermedades)...*

**-d/*des***

### Se escribe *d* al final de palabra si su plural acaba en -*des*.

**18**

*actriz (actrices), altavoz (altavoces), feroz (feroces), capataz (capataces), feliz (felices), barniz (barnices), incapaz (incapaces), idiotez (idioteces), coz (coces), audaz (audaces), eficaz (eficaces), disfraz (disfraces), aprendiz (aprendices), cruz (cruces), atroz (atroces), avestruz (avestruces), escasez (escaseces), estupidez (estupideces)...*

**-z/*ces***

### Se escribe *z* al final de palabra si su plural acaba en -*ces*.

*ha/han* acusado, *ha/han* aprendido, *ha/han* ido, *ha/han* construido, *ha/han* copiado, *ha/han* creado, *ha/han* cuidado, *ha/han* dado, *ha/han* dejado, *ha/han* destruido, *ha/han* detenido, *ha/han* sido, *ha/han* elegido, *ha/han* estado, *ha/han* encontrado, *ha/han* hablado, *ha/han* cargado, *ha/han* ganado, *ha/han* entendido...

**Se escribe *ha* con los verbos en pasado cuando puede sustituirse por *han*.**

**ha/*han***

guard**aba**, actu**aba**, ador**aba**, afirm**aba**, alcanz**aba**, am**aba**, and**aba**, apoy**aba**, continu**aba**, comenz**aba**, ayud**aba**, camin**aba**, cant**aba**, cont**aba**, encontr**aba**, d**aba**, dedic**aba**, dej**aba**, dese**aba**, ech**aba**, entr**aba**, escuch**aba**, esper**aba**, est**aba**, estudi**aba**, falt**aba**, form**aba**, gan**aba**, goz**aba**, grit**aba**, llor**aba**, logr**aba**, mand**aba**, march**aba**, mir**aba**...

**Se escribe *b* en los pasados de los verbos que acaban en *-aba, -abas, -ábamos, -abais, -aban*.**

**-aba**

-abas
-ábamos
-abais
-aban

*[verbos pasado]*

a**lr**ededor, ho**nr**a, e**nr**ejado, ho**nr**ado, des**r**iñonarse, desho**nr**a, e**nr**edar, e**nr**edo, dese**nr**edar, e**nr**edadera, e**nr**ollar, dese**nr**ollar, I**sr**ael, i**sr**aelí, i**sr**aelita, so**nr**eír, so**nr**iente, so**nr**isa, so**nr**osado, e**nr**aizar, dese**nr**aizar, dese**nr**ejar, tra**sr**oscarse, dese**nr**oscar, so**nr**ojarse, e**nr**oscar, de**sr**atizar...

**Se escribe una sola *r* después de *l, n* o *s* aunque suene fuerte.**

**lr**

**nr**

**sr**

22

*paragüero, amortigüe, avergüénzate, sinvergüenza, Sigüenza, pingüino, lingüista, bilingüe, bilingüismo, desagüe, degüello, lingüística, pedigüeño, lengüeta, halagüeño, nicaragüense, agüita, ungüento, güisqui, piragüista, lengüetazo, vergüenza, averigüe...*

## güe
## güi

**Se escribe diéresis en los grupos *güe* y *güi* cuando deba sonar la letra *u*.**

*acoger, coger, dirigir, elegir, emerger, desproteger, restringir, encoger, escoger, exigir, infringir, fingir, mugir, proteger, rugir, sobrecoger, sumergir, surgir, recoger, sobreproteger, teledirigir, resurgir, reelegir, corregir, afligir, urgir...*

## -ger
## -gir

*[verbos]*

**Se escribe *g* en los verbos acabados en *-ger* o *-gir*.**
Excepciones: te*j*er y cru*j*ir.

*proyección (proyector), dirección (director), lección (lector), destrucción (destructor), elección (elector), atracción (atractivo), desinfección (desinfectarse), perfección (perfecto), protección (protector), acción (actor), calefacción (calefactor), inyección (inyectar), conducción (conductor), construcción (constructor), inspección (inspector), producción (productor)...*

## cc/*ct*

**Se escribe *cc* cuando en la misma familia de palabras haya alguna con la secuencia *ct*.**

# Actividad 1: Reunir palabras

## Situación inicial

Los alumnos necesitarán una copia del cuadro de las reglas esquematizadas (anexo 1) y su propio cuaderno de ortografía.

## Desarrollo I

**a.** El profesor leerá en voz alta el enunciado de la regla que se desee estudiar (págs. 16-23).

**b.** Los alumnos, después de consultar el anexo 1, dibujarán en sus cuadernos el esquema de la regla leída; a continuación, tendrán unos minutos para escribir tres palabras que cumplan dicha norma.

Se escriben con **b** las formas pasadas de los verbos que acaban en *-aba*.

soñ**aba** est**aba** pase**aba**

-aba

mir**aba** cant**aba** jug**aba**

**c.** Por turno, cada alumno dictará en voz alta sus tres palabras y los compañeros las escribirán en sus cuadernos. Si alguna de las palabras ya hubiera sido dicha por otra persona, se mencionará, pero no se volverá a copiar.

**d.** Elaborada la lista con las palabras aportadas por todos, los estudiantes colorearán (o rodearán con un círculo) el esquema de la regla en cada una de ellas.

am**aba**

sud**aba**

salt**aba**

at**aba**

## Desarrollo II

**a.** El mismo ejercicio puede realizarse por parejas o por equipos. En este caso, será ganadora la pareja o el equipo que, tras la lectura por parte del profesor del enunciado de una regla, logre reunir —durante unos minutos— el mayor número de palabras que respondan a dicha norma.

**b.** Un componente del equipo ganador leerá la lista de palabras en voz alta y todos, excepto los ganadores, estarán obligados a copiarlas y remarcar los esquemas en sus cuadernos.

# Actividad 2: Identificar las reglas

REGLAS ORTOGRÁFICAS DE LAS LETRAS

## Situación inicial

Los alumnos necesitarán únicamente una copia del cuadro de las reglas esquematizadas (anexo 1).

## Desarrollo I

a. El profesor dirá en voz alta una palabra cualquiera, extraída de las listas de las reglas ya estudiadas (págs. 16-23).

b. A continuación, nombrará al azar a uno de los alumnos, que deberá responder, tras consultar el anexo 1, diciendo cuál es el número de la regla que le corresponde a la palabra expuesta.

Este mismo procedimiento se empleará con nuevos vocablos. La actividad puede alargarse tanto como se desee.

## Desarrollo II

a. El profesor dirá en voz alta una palabra relacionada con las reglas estudiadas (págs. 16-23).

b. El primer alumno que responda correctamente, después de identificar la regla en el anexo 1, diciendo el número de orden que según el propio anexo le corresponde, habrá ganado; acto seguido, saldrá del grupo.

c. El proceso continuará hasta obtener cinco participantes, que disputarán entre ellos la gran final. De estos participantes, será ganador aquel que consiga ser el primero en responder en tres ocasiones.

# Actividad 3: Detectar esquemas

**Situación inicial**

Los alumnos necesitarán una copia del cuadro de las reglas esquematizadas (anexo 1) y su propio cuaderno de ortografía.

**Desarrollo I**

a.  El profesor dictará diez palabras extraídas de reglas ya estudiadas (págs. 16-23).

b.  Los alumnos copiarán las palabras dictadas en sus cuadernos.

c.  Finalmente, cada uno comprobará, con ayuda del anexo 1, la escritura correcta de las palabras; a continuación, coloreará en cada una de ellas (o rodeará con un círculo) el esquema de la regla, y escribirá a su derecha el número de la norma a la que se refiere.

d.  Corrección en grupo.

**Palabras nivel 1:**
brazo, aburrido, alquiler, aparece, insoportable, ambiente, afirmativo, hueco, rana, águila.

**brazo** (7)
**aburrido** (2)
**alquiler** (4)
**aparece** (5)
**insoportable** (6)
**ambiente** (8)
**afirmativo** (13)
**hueco** (11)
**rana** (1)
**águila** (3)

**Palabras nivel 1:**
reglas: 7, 2, 4, 5, 6, 8, 13, 11, 1, 3

7. **brazo, abrir**
2. **aburrido, perro**
4. **alquiler, porquería**
5. **aparece, hace**
6. **blanco, pueblo**
8. **ambiente, tambor**
13. **afirmativo, nativa**
11. **hueco, hueso**
1. **rana, rosa**
3. **águila, guerra**

**Desarrollo II**

a.  Como cada regla lleva su número de orden, el profesor dictará aleatoriamente diez números que se correspondan con otras tantas reglas que hayan sido estudiadas anteriormente (págs. 16-23).

b.  Los alumnos, después de consultar el anexo 1, escribirán dos palabras para cada una de las normas indicadas por el profesor.

c.  Finalmente, colorearán o rodearán con un círculo el esquema de la regla en cada una de las palabras.

26

# Actividad 4: Localizar reglas

## Situación inicial

El profesor elegirá una página de un libro común para todos los alumnos (sirven para este fin los propios libros de texto). También podrá utilizarse cualquier lectura proyectada en la pizarra digital, fotocopias, etc. Además, es necesario que cada uno de los participantes disponga de una copia del anexo 1 y de su propio cuaderno de ortografía.

## Desarrollo I

a. Los alumnos, individualmente, comenzarán a leer el texto e irán escribiendo las palabras encontradas que coincidan con las reglas solicitadas por el profesor (ejemplo: reglas nivel 1). Una vez copiada la palabra, se anotará a su lado el número de orden que le corresponda según el anexo 1. Las palabras repetidas se escribirán una sola vez.

b. Se remarcará en cada palabra el esquema de la regla y se corregirá en grupo.

## Desarrollo II

Este ejercicio podrá realizarse también en parejas o por equipos.

---

**IDENTIFICA LAS PALABRAS QUE SE CORRESPONDAN CON REGLAS DEL NIVEL 1**

Platero es **pequeño**, peludo, suave; tan **blando** por fuera, **que** se diría todo de algodón, que no lleva **huesos**. Solo los espejos de azabache de sus ojos son duros cual dos escarabajos de cristal negro. Lo dejo suelto y se va al prado, y **acaricia** tibiamente con su **hocico**, **rozándolas** apenas, las **florecillas** **rosas**, **celestes** y gualdas... Lo llamo **dulcemente**: «¿Platero?», y viene a mí con un **trotecillo** alegre que **parece** que se **ríe** en no sé qué cascabeleo ideal... Come cuanto le doy. Le gustan las naranjas mandarinas, las uvas moscateles, todas de **ámbar**; los higos morados, con su cristalina gotita de miel.

---

SOLUCIÓN: pequeño (4), blando (6), que (4), huesos (11), acaricia (5), hocico (5), rozándolas (1), florecillas (5, 12), rosas (1), celestes (5), dulcemente (5), trotecillo (5, 12), parece (5), ríe (1), ámbar (8).

# VOCABULARIO DE ERRORES FRECUENTES

La enseñanza de la ortografía a partir del Vocabulario de Errores Frecuentes (VEF) es una actividad que responde a un criterio de estricta rentabilidad. Esteve y Jiménez (1988) argumentan que, con el conocimiento de tan solo las 67 palabras más erradas del español, se eliminaría nada menos que el 60 % de los errores ortográficos.

El Vocabulario de Errores Frecuentes que se incluye en este manual comprende un total de 535 palabras*. Para facilitar su aprendizaje, la lista se ha dividido en tres niveles, según su frecuencia de error, de modo que las palabras del primer nivel son aquellas en las que se cometen más fallos. Algunas de estas palabras presentan más de una dificultad ortográfica, razón por la que pueden aparecer duplicadas. El listado completo para el estudio autónomo por parte del alumnado también se encuentra en el anexo 2.

**¿Cómo se enseña el Vocabulario de Errores Frecuentes?** La enseñanza de este vocabulario comenzará siempre con la actividad 5 (pág. 31), cuya finalidad es presentar las diez palabras nuevas de cada sesión. Después se completará el estudio de estas palabras con alguna de las tres actividades grupales (6, 7 y 8; págs. 32-34).

Cuando se hayan estudiado todas las palabras de un nivel, se recurrirá a los ejercicios de repaso (9 y 10; págs. 35-36) para revisar el vocabulario acumulado.

## NIVEL 1

- **B/V:** 1 va, 2 ave, 3 ven, 4 iba *solo*, 5 ver, 6 vez, 7 voy, 8 voz, 9 bajo, 10 bien, 11 tuve, 12 vida, 13 hubo, 14 pavo, 15 rabo, 16 vela, 17 vaso, 18 base, 19 boca, 20 vino, 21 abajo, 22 árbol, 23 avión, 24 bailar, 25 bajar, 26 bella, 27 banco, 28 venir, 29 beber, 30 balón, 31 besar, 32 bolsa, 33 por favor, 34 bueno, 35 joven, 36 deber, 37 nieve, 38 globo, 39 vista, 40 había, 41 habrá, 42 huevo, 43 caber, 44 llevar, 45 mover, 46 bomba, 47 nueve, 48 saber, 49 servir, 50 viaje, 51 barco, 52 vestir, 53 subir, 54 viejo, 55 *la pelota* bota, 56 vivir, 57 abuelo, 58 anduvo, 59 arriba, 60 balcón, 61 estuve, 62 bosque, 63 buscar, 64 veinte, 65 dibujo, 66 estaba, 67 bonito, 68 verano, 69 hombre, 70 jueves, 71 octavo, 72 sábado, 73 varios, 74 cabeza, 75 vender, 76 hablar, 77 volver, 78 vuelta, 79 bañarse, 80 caballo, 81 dividir, 82 también, 83 todavía, 84 ventana, 85 vuestro, 86 bastante, 87 invierno, 88 escribir, 89 levantar, 90 trabajar, 91 vosotros, 92 bicicleta.

- **G/J:** 93 cojo, 94 jefe, 95 ángel, 96 traje, 97 gente, 98 mujer, 99 coger, 100 ligero, 101 página, 102 agujero, 103 colegio, 104 dijeron, 105 ejemplo, 106 recoger.

---

\* Esta selección ha sido elaborada a partir de los inventarios cacográficos de Villarejo (1950), Lorenzo (1980), Holgado (1986), Esteve y Jiménez (1988), Huerta y Matamala (1990) y Mesanza (1990).

- **H/sin H:** 107 gritó ¡ay!, 108 ahí *está*, 109 ha *ido*, 110 han *sido*, 111 era, 112 hoy, 113 hay *pan*, 114 hada, 115 hice, 116 error, 117 oye, 118 hijo, 119 allí, 120 hizo, 121 iban, 122 hoja, 123 ayer, 124 *es* hora, 125 hubo, 126 hacía *frío*, 127 echar, 128 hacer, 129 *fueron* hacia *allí*, 130 *llegó* hasta *aquí*, 131 abrir, 132 *he* hecho, 133 echo *agua*, 134 hablar, 135 huir, 136 ha *escrito*, 137 hambre, 138 herida, 139 hombre, 140 invierno, 141 hermano, 142 historia.

- **LL/Y:** 143 ya, 144 yo, 145 ella, 146 oye, 147 allá, 148 allí, 149 ayer, 150 suyo, 151 tuyo, 152 vaya *rápido*, 153 ayuda, 154 calle, 155 mayor, 156 playa, 157 aquella, 158 caballo, 159 estrella.

- **I/Y:** 160 gritó ¡ay!, 161 oí *voces*, 162 doy, 163 hay *pan*, 164 *me* reí *mucho*, 165 hoy, 166 muy, 167 *el* rey *reina*, 168 ahí *está*, 169 soy, 170 voy, 171 estoy.

## NIVEL 2

- **B/V:** 1 vía, 2 abeja, 3 oveja, 4 verde, 5 grave, 6 labio, 7 volar, 8 lavar, 9 llave, 10 rabia, 11 nuevo, 12 álbum, 13 polvo, 14 nevar, 15 violar, 16 selva, 17 suave, 18 vacío, 19 valle, 20 robar, 21 valor, 22 varón, 23 verbo, 24 débil, 25 viene, 26 viudo, 27 vapor, 28 avisar, 29 prueba, 30 avispa, 31 barrio, 32 enviar, 33 vidrio, 34 ciervo, 35 divino, 36 elevar, 37 borrar, 38 evitar, 39 fútbol, 40 lluvia, 41 motivo, 42 tabaco, 43 vecino, 44 vencer, 45 veneno, 46 cambiar, 47 viento, 48 vuelve, 49 aprobar, 50 árbitro, 51 bandera, 52 batalla, 53 boletín, 54 deberes, 55 envidia, 56 esclavo, 57 excavar, 58 libertad, 59 navegar, 60 Navidad, 61 vigilar, 62 recibir, 63 revisar, 64 revista, 65 salvaje, 66 valioso, 67 olvidar, 68 visitar, 69 aburrido, 70 ambiente, 71 aventura, 72 banquete, 73 cubierto, 74 devolver, 75 división, 76 gobierno, 77 inventar, 78 juventud, 79 vivienda, 80 abandonar, 81 biografía, 82 actividad, 83 automóvil, 84 divertido, 85 noviembre, 86 primavera, 87 adivinanza, 88 entrevista, 89 servilleta, 90 vacaciones, 91 votaciones.

- **C/CC/Z:** 92 lección, 93 solución, 94 dirección, 95 redacción, 96 cruce, 97 nazis, 98 empecé, 99 difícil, 100 fácil, 101 zigzag, 102 ejercicio, 103 acción, 104 actuación, 105 colección, 106 elecciones.

- **G/J:** 107 dejé, 108 genio, 109 girar, 110 elegir, 111 género, 112 gitano, 113 jinete, 114 sujeto, 115 dirigir, 116 escoger, 117 gigante, 118 general, 119 higiene, 120 urgente, 121 vigilar, 122 conjunto, 123 imaginar.

- **H/sin H:** 124 ir, 125 harto, 126 héroe, 127 usar, 128 hondo, 129 *vamos* a ver *fotos*, 130 hueco, 131 huevo, 132 *han* ido, 133 harina, 134 helado, 135 inflar, 136 hierba, 137 ermita, 138 horror, 139 hielo, 140 hotel, 141 ahorrar, 142 hervir, 143 hierro, 144 anteayer, 145 huelga, 146 huerto, 147 oyó, 148 humano, 149 hundir, 150 iríamos, 151 hermoso, 152 humilde, 153 hospital, 154 habitante, 155 a menudo, 156 habitación.

- **LL/Y:** 157 apoyar, 158 callar, 159 ellos, 160 hallar, 161 llamar, 162 oyeron, 163 llegar, 164 millón, 165 llorar, 166 destruyó, 167 llevar, 168 construyó, 169 llenar, 170 pillar, 171 anteayer, 172 muelle, 173 medalla, 174 orgullo, 175 pollo *frito*, 176 sencillo,

177 construyeron.

● **M/N:** 178 álbum, 179 perenne, 180 himno, 181 innovación, 182 gimnasia.

**NIVEL 3**

● **B/V:** 1 cueva, 2 verso, 3 habas, 4 alabar, 5 clavel, 6 desván, 7 vacuna, 8 hábito, 9 hervir, 10 nervio, 11 novela, 12 probar, 13 silbar, 14 variar, 15 víbora, 16 virtud, 17 avanzar, 18 sin embargo, 19 gaviota, 20 imbécil, 21 rebelde, 22 ventaja, 23 verbena, 24 absorber, 25 avaricia, 26 bendecir, 27 chavales, 28 embajada, 29 esquivar, 30 observar, 31 párvulos, 32 privarse, 33 resbalar, 34 resolver, 35 salvarse, 36 travieso, 37 vehículo, 38 zambomba, 39 abundante, 40 atravesar, 41 beneficio, 42 berenjena, 43 carnívoro, 44 comprobar, 45 conservar, 46 convencer, 47 convertir, 48 espabilar, 49 favorable, 50 habilidad, 51 habitante, 52 herbívoro, 53 individuo, 54 universal, 55 vagabundo, 56 aprovechar, 57 evaporarse, 58 intervenir, 59 investigar, 60 vertebrado, 61 desenvolver, 62 equivocarse, 63 maravilloso, 64 posibilidad, 65 sinvergüenza.

● **C/ CC/Z:** 66 acceder, 67 sección, 68 relación, 69 atracción, 70 inyección, 71 afición, 72 instrucción, 73 destrucción.

● **G/J:** 74 fijé, 75 acoger, 76 crujir, 77 exigir, 78 lógico, 79 región, 80 surgir, 81 energía, 82 refugio, 83 régimen, 84 trágico, 85 agilidad, 86 jilguero, 87 pasajero, 88 proteger, 89 berenjena, 90 vegetación.

● **GU/GÜ:** 91 jugué, 92 guerra, 93 seguir, 94 cigüeña, 95 juguete, 96 alguien, 97 hoguera, 98 bilingüe, 99 jilguero, 100 paragüero, 101 siguiente, 102 antigüedad, 103 distinguir, 104 sinvergüenza.

● **H/sin H:** 105 izar, 106 *gritó* ¡ah!, 107 hoyo, 108 habas, 109 cohete, 110 hábito, 111 ovario, 112 ahogado, 113 alcohol, 114 higiene, 115 hinchar, 116 almohada, 117 deshacer, 118 herencia, 119 prohibir, 120 óseo, 121 vehículo, 122 horizonte, 123 zanahoria, 124 exhibición, 125 exuberante, 126 homosexual, 127 herramienta.

● **LL/Y:** 128 cayó *al suelo*, 129 cuyo, 130 *un* hoyo *profundo*, 131 *una* raya *negra*, 132 yeso, 133 *estoy* yendo *bien*, 134 arrolló *al ciclista*, 135 detalle, 136 leyendo, 137 escayola, 138 proyecto, 139 construyó, 140 desayunar, 141 desarrollo, 142 ayuntamiento.

● **S/X:** 143 boxeo, 144 texto, 145 auxilio, 146 examen, 147 esfuerzo, 148 exterior, 149 extraño, 150 extremo, 151 próximo, 152 esquiar, 153 explicar, 154 excelente, 155 excursión, 156 espléndido, 157 éxito, 158 exigir, 159 exacto, 160 máximo, 161 excavar, 162 existir, 163 explotar, 164 exponer, 165 expulsar, 166 expresar, 167 escasez, 168 exceso, 169 asfixia, 170 esparcir, 171 excepto, 172 espía, 173 exquisito, 174 espectador, 175 expediente, 176 exposición, 177 espontáneo, 178 espeluznante, 179 experiencia, 180 experimento, 181 extinguirse, 182 aproximadamente.

# Actividad 5: Compruebo lo que sé

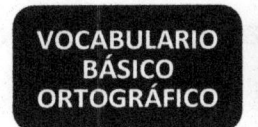

**VOCABULARIO BÁSICO ORTOGRÁFICO**

## Situación inicial

Antes de comenzar este ejercicio, los alumnos dispondrán de una copia del anexo 2 en la que estén incluidas las palabras del Vocabulario de Errores Frecuentes que se van a estudiar. A continuación, el profesor les comunicará las diez palabras que serán objeto de estudio. Con esta actividad, el alumno será consciente de lo que sabe y de lo que ignora.

## Desarrollo

a. El alumno, utilizando una fotocopia del anexo 2, tapará con un lápiz (o algo similar) la columna donde reside la dificultad ortográfica de las palabras e irá diciéndose a sí mismo la letra oculta, al tiempo que mueve el lápiz hacia abajo para comprobar el resultado.

b. Cuando tenga la seguridad de que conoce la grafía correcta de todas las palabras propuestas, tapará de nuevo la columna central y las escribirá en su cuaderno.

c. Una vez finalizado el ejercicio, el propio alumno revisará el resultado.

d. Finalmente, se solicitará a los participantes que escriban frases utilizando las palabras estudiadas. En este punto, si se desea, se podrán establecer ciertas condiciones: todas las frases tendrán seis palabras, incluirán un par de palabras con *b*, etc.

Una vez finalizado el ejercicio aquí propuesto, el profesor completará el aprendizaje de las diez palabras estudiadas con algunas de las actividades grupales (6, 7 y 8; págs. 32-34).

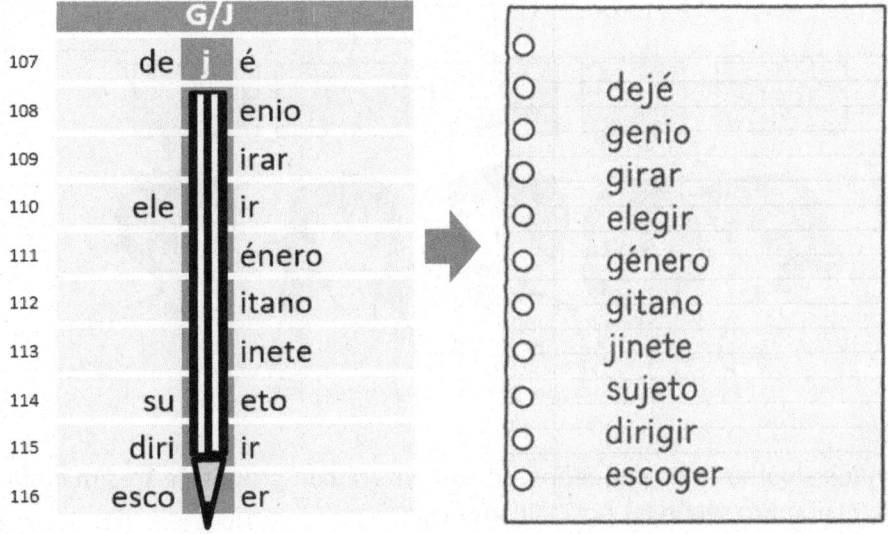

# Actividad 6: La cadena

## Situación inicial

Se escribirán, repartidas por la pizarra, cinco de las diez palabras del Vocabulario de Errores Frecuentes seleccionadas para su aprendizaje. Se formarán grupos de cinco alumnos, que participarán por turnos. Antes de comenzar, los alumnos se distribuirán a lo largo de la pizarra, de forma que cada uno tenga escrita sobre su cabeza la palabra que le corresponda memorizar.

## Desarrollo

El primer participante dirá en voz alta, sin mirarla, su palabra; el segundo repetirá la palabra del primero y añadirá otra; el tercero repetirá, en el mismo orden, las palabras anteriores y añadirá una nueva. Este proceso continuará hasta llegar al quinto alumno, quien deberá memorizar las palabras de sus cuatro compañeros y añadir la suya.

Cada alumno, además de recordar las palabras de los compañeros anteriores, nombrará la letra con dificultad ortográfica de cada una de ellas.

La prueba se considerará superada cuando el último alumno logre repetir todas las palabras en el mismo orden en que se dijeron y con su ortografía correcta. Después el profesor ordenará que todos los alumnos cambien su lugar en la fila y se repetirá de nuevo el proceso, utilizando las mismas palabras, pero intercambiando el lugar.

**Nota:** Con los alumnos más pequeños, se comenzará con grupos de tres miembros, aumentando el número según las posibilidades.

# Actividad 7: Adivina

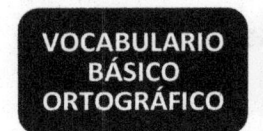 

**Situación inicial**

Se escriben en la pizarra, preferentemente, o se señalan en el anexo 2 las diez palabras del Vocabulario de Errores Frecuentes seleccionadas para su aprendizaje. Las palabras permanecerán visibles durante el desarrollo de la actividad.

**Desarrollo**

a. Un alumno, designado por el profesor, elegirá una de las diez palabras que se van a estudiar y le comunicará, en secreto, su elección al propio docente. Pensando en la palabra escogida, el alumno deberá completar en voz alta las siguientes pistas:

> *La letra con dificultad ortográfica es la...*
>
> *Tiene... consonantes* (*se contabilizarán todas las consonantes, incluidas las repetidas*).
>
> *Una de las consonantes es la...*
>
> *Tiene... vocales* (*se contabilizarán todas las vocales, incluidas las repetidas*).
>
> *Una de las vocales es la...*

b. Una vez escuchadas las propuestas, los alumnos tratarán de adivinar la palabra que cumple las características citadas; a continuación, copiarán en sus cuadernos la palabra elegida y el nombre del compañero que la propuso. Este mismo proceso se repetirá con cada una de las diez palabras. Entre pista y pista se harán pausas para que los alumnos tengan suficiente tiempo para ir descartando aquellas palabras que no respondan a los criterios señalados. Si son varios los vocablos que cumplen los requisitos, se copiarán todos ellos.

c. Finalizado el ejercicio, se corregirá en grupo.

**Palabras:** llevar, mover, bomba, nueve, saber, servir, viaje, barco, vestir, subir.

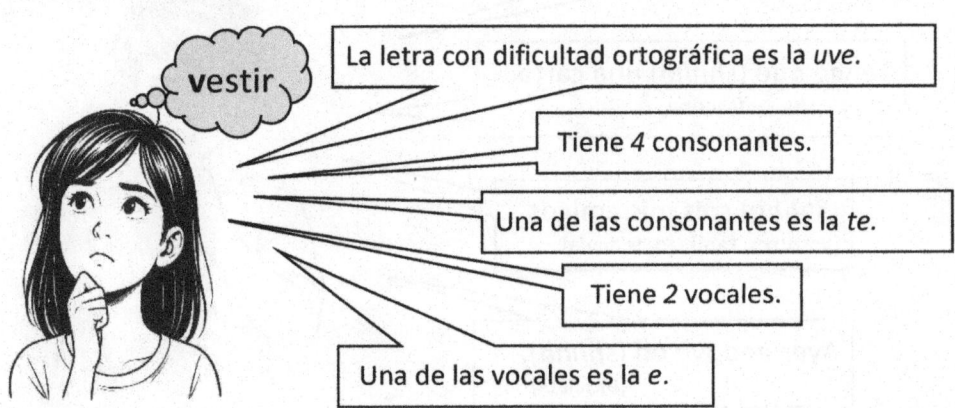

*vestir*

La letra con dificultad ortográfica es la *uve*.

Tiene *4* consonantes.

Una de las consonantes es la *te*.

Tiene *2* vocales.

Una de las vocales es la *e*.

# Actividad 8: Silencio

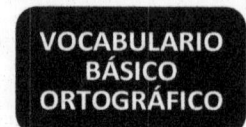 

**Situación inicial**

Se escriben en la pizarra, preferentemente, o se señalan en el anexo 2 las diez palabras del Vocabulario de Errores Frecuentes seleccionadas para su aprendizaje.

**Desarrollo**

a. El profesor otorgará a cada alumno una de las diez palabras propuestas, repitiendo las que fueran necesarias; después, cada alumno escribirá una frase a partir de ella.

b. Una vez que todos hayan finalizado, se leerán, por orden y en voz alta, las frases elaboradas, pero la palabra escogida no se pronunciará; cuando se haya de leer, se dirá «shhh» y se hará el gesto de pedir silencio. Los compañeros, después de oír cada frase, copiarán en sus cuadernos el nombre del alumno o alumna que la haya pronunciado y escribirán a su lado la palabra que haya sido sustituida por el silencio.

c. Finalmente, se corregirá lo escrito, para lo cual cada alumno volverá a leer su frase completa, sustituyendo el silencio por la palabra elegida.

**Palabras:** también, todavía, ventana, vuestro, bastante, invierno, escribir, levantar, trabajar, vosotros, bicicleta.

En (*shhhh*) nieva y hace frío.
[invierno]

El ladrón entró por la (*shhhh*).
[ventana]

Tengo que (*shhhh*) una carta.
[escribir]

(*Shhhh*) sois mis amigos.
[vosotros, también, todavía]

Ayer anduve en (*shhhh*).
[bicicleta]

# Actividad 9: Deletreo

## Situación inicial

Para realizar esta actividad, solo dispondrá de una copia del Vocabulario de Errores Frecuentes el profesor o el alumno encargado del deletreo. El resto de los participantes necesitará su cuaderno de ortografía, pero únicamente cuando se realice la actividad del deletreo escrito. El ejercicio se recomienda expresamente para repasar el vocabulario de uno o de varios niveles.

*ce, u, e, uve, a*
¿Qué palabra es, Ana?

*Cueva.*
Y se escribe
con v.

## Desarrollo I (sin escritura)

a. El profesor, o un alumno a quien este designe, deletreará en voz alta y despacio una de las palabras estudiadas en el Vocabulario de Errores Frecuentes. El deletreo se repetirá dos veces.

b. Acabado el deletreo, el profesor nombrará al azar a uno de los alumnos y le preguntará cuál ha sido la palabra deletreada y con qué letra con dificultad ortográfica se ha de escribir.

Si se considera oportuno, se puede realizar cualquier tipo de competición; no obstante, el proceso será siempre el mismo. En cualquier caso, el docente aplicará la medida correctora pertinente con aquellos alumnos que hayan cometido errores.

## Desarrollo II (con escritura)

*a, uve, a*
ave

a. La situación inicial es igual a la del deletreo sin escritura, pero, en esta modalidad, los alumnos escribirán en sus cuadernos la palabra dictada.

b. Aquellos niños que tengan alguna dificultad para construir una imagen visual de la palabra a medida que se está deletreando pueden «escribir» las letras con el dedo sobre el propio pupitre en el momento de dictarse. Ahora bien, no se escribirá la palabra en el cuaderno hasta que no haya finalizado el deletreo.

c. El profesor, o el alumno encargado de conducir la actividad, tomará nota de todas las palabras deletreadas; finalizado el ejercicio completo, se corregirá en grupo.

# Actividad 10: Una de dos

## Situación inicial

Para realizar esta actividad, solo será necesario que disponga de una copia del Vocabulario de Errores Frecuentes el profesor.

Este ejercicio se usará, preferentemente, para repasar el vocabulario completo de un nivel o todo el vocabulario acumulado.

Para empezar, se escribirán dos letras contrapuestas (*b/v; g/j...*), una en cada extremo de la pizarra. En el caso de *c, cc* y *z*, una de las letras se colocará en el centro.

## Desarrollo I (en grupo)

a. Parte de los alumnos, o todos ellos si el grupo no es muy numeroso, se colocará en fila mirando hacia la pizarra.

b. El profesor dirá en voz alta una palabra del Vocabulario de Errores Frecuentes y el primer alumno de la fila deberá extender el brazo izquierdo o derecho, según corresponda, para señalar la letra escrita en la pizarra que se asocia con la palabra dictada. Una vez que haya respondido, se colocará de nuevo al final de la fila.

c. Con los alumnos que fallen en la elección de la letra, el profesor aplicará la medida correctora que considere oportuna.

## Desarrollo II (individual)

a. Un único alumno, designado por el profesor, se colocará en el frontal del aula, mirando hacia la pizarra.

b. Desde este lugar, extenderá su brazo izquierdo o derecho para señalar la letra con dificultad ortográfica que se asocia con la palabra dictada por el profesor.

c. La prueba se considerará superada si el participante logra resolver la escritura correcta de diez palabras seguidas. Si fallara en alguna de ellas, abandonará la actividad y el profesor establecerá la medida correctora pertinente.

# PALABRAS QUE SUENAN IGUAL O PARECIDO

**¿Cómo se enseñan las palabras que suenan igual o parecido?** No se incluyen ejercicios específicos para la enseñanza de las palabras de este apartado. No obstante, cuando un alumno falle en una de ellas en cualquier actividad escrita, el profesor le mostrará el dibujo correspondiente.

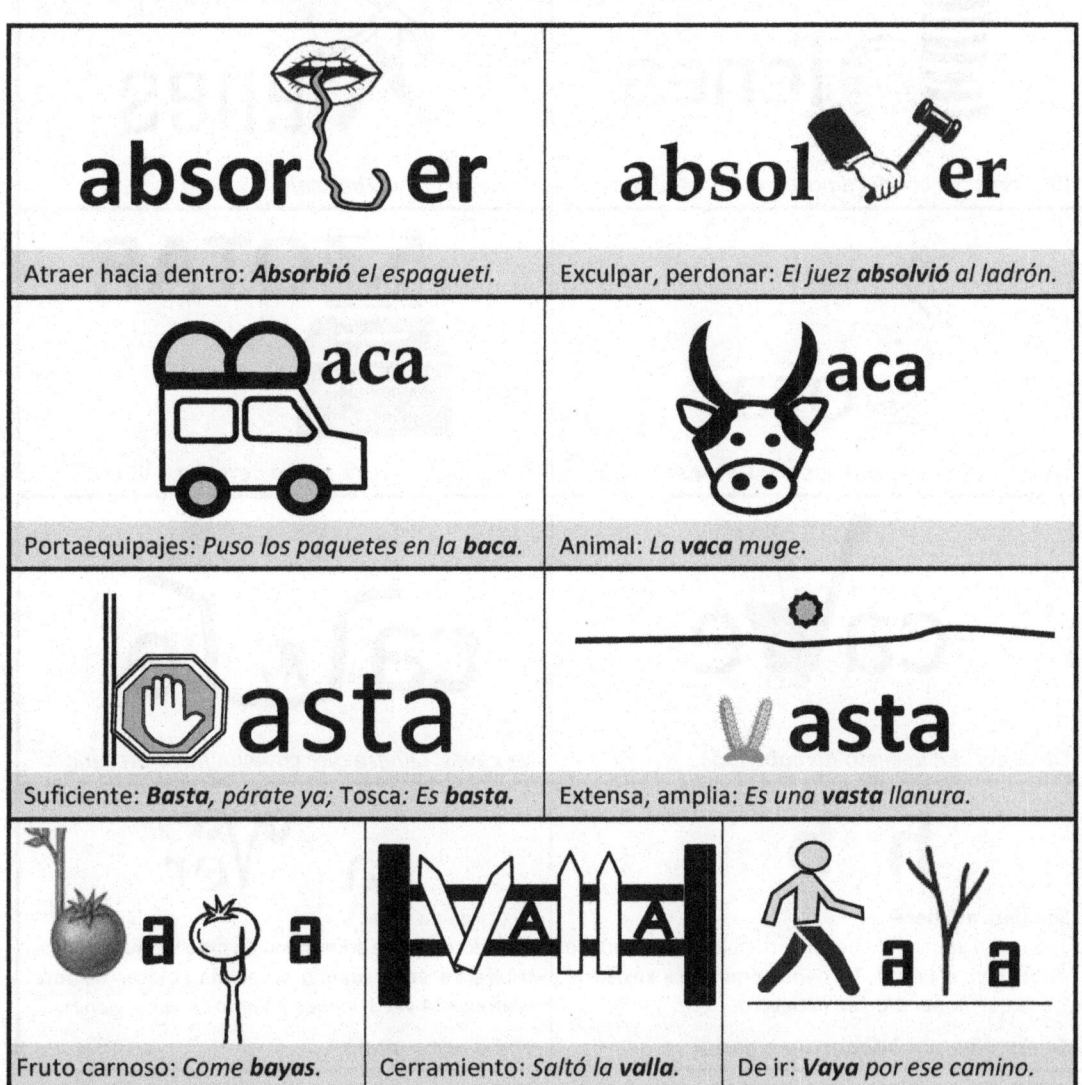

| | |
|---|---|
| absor**b**er | absol**v**er |
| Atraer hacia dentro: *Absorbió el espagueti.* | Exculpar, perdonar: *El juez absolvió al ladrón.* |
| **b**aca | **v**aca |
| Portaequipajes: *Puso los paquetes en la baca.* | Animal: *La vaca muge.* |
| **b**asta | **v**asta |
| Suficiente: *Basta, párate ya;* Tosca: *Es basta.* | Extensa, amplia: *Es una vasta llanura.* |
| b a**y**a | **v**alla | **v**aya |
| Fruto carnoso: *Come bayas.* | Cerramiento: *Saltó la valla.* | De ir: *Vaya por ese camino.* |

**ello**

Hermoso: *El cisne es un **bello** animal.*

**ello**

Pelo corto: *Tiene **vello** en su cara.*

**ienes**

Riquezas: *La condesa posee muchos **bienes**.*

**ienes**

De venir: *Tú **vienes** solo.*

**otar**

Lanzar algo para que vuelva: ***Botar** la pelota.*

**OTAR**

Emitir un voto: *Yo tengo derecho a **votar**.*

cae

De caber: *En la cesta no **cabe** más.*

ca e

De cavar: *Quiero que **cave** un hoyo profundo.*

## haber

Se utiliza «**haber**»:
1. Cuando va seguido de un participio: *Siento mucho **haber** ROTO el jarrón.* 2. Cuando equivale a «existir»: *Tiene que **haber** algo en la nevera.*

*Se disculpó por **haber roto** el jarrón.*

## a Ver

Se utiliza «**a ver**»:
Cuando equivale a «**mirar**». En caso de duda, se escribirá «**a ver**» cuando se pueda colocar delante «vamos»: *A ver si vienes = Vamos a ver si vienes.*

*Voy **a ver** a mi tía.*

**grabar**

Captar imágenes o sonidos: *Graban canciones.*

**grawar**

Poner un impuesto: *Gravan más la gasolina.*

**rebelarse**

Sublevarse: *El ejército se rebeló.*

**revelar**

Manifestar algo: *Me reveló su secreto.*

**SABIA**

Mujer que sabe: *Curie fue una gran sabia.*

**savia**

Líquido de las plantas: *La savia llega a la hoja.*

**tubo**

Pieza hueca: *El agua pasa por el tubo.*

**TUVO**

De tener: *Esta rama tuvo hojas en primavera.*

**ingerir**

Comer, beber: *Ingirió muchos alimentos.*

Entremeterse: *Se injiere en nuestros asuntos.*

 ira

*Gira* la llave; El cantante está de *gira*.

 ira

Banquete campestre: *Comieron en la jira.*

De haber: *Habría* comido, *habría* sido...

De abrir: *Abría* el compás para dibujar.

Exclamación: *¡Hala! ¡Qué sorpresa!*

Sirven para volar: *Las aves tienen alas.*

De hallar = encontrar: *Halla* un tesoro.

Indica lugar: *Marchad para allá y no volváis.*

Árbol: *Cortó el haya para hacer una mesa.*

Cuidadora de niños: *El aya crio a las gemelas.*

 ASTA

Indica un final: *Llegó **hasta** la valla y no pasó.*

 sta

Cuerno o palo de bandera: *Se rompió el **asta**.*

 atajo

Grupo de ganado: *Cuida su **hatajo** con esmero.*

 tajo

Recorrido corto: *Vinieron por un **atajo**.*

 a

***Hay** un árbol cerca del puente.*

 ahí

Indica lugar: *Señala **ahí**.*

 ¡ay!

Queja: *¡**Ay**, qué dolor!*

 ECHO

De hacer: *El albañil **ha hecho** una pared.*

echo

De echar = arrojar: ***Echo** la h a la basura.*

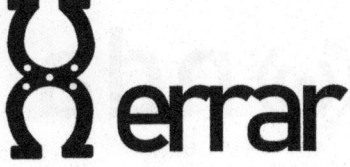 errar

Clavar herraduras: ***Herraron** a las caballerías.*

errar

Equivocarse: ***Erró** y lo borró enseguida.*

| | |
|---|---|
|  **hier⊕a** | **hier⊕a** |
| Planta: *Por favor, no pisen la **hierba**.* | De hervir: *Deja que **hierva** el agua.* |
| **IZO** | **Izo** |
| De hacer: *El albañil **hizo** una pared.* | De izar = levantar: ***Izo** la bandera en el mástil.* |
| **ojear** | **◉jear** |
| Pasar las hojas: ***Hojeó** el libro con cuidado.* | Mirar: ***Ojeó** el libro rápidamente.* |
| **ola** | **LA** |
| Saludo: ***Hola**, ¿qué tal?* | Onda del agua: *Nos arrastró una **ola**.* |
| **onda** | **onda** |
| Profunda: *Esta piscina es muy **honda**.* | Curvas: *Las **ondas** invaden el espacio.* |

Sesenta minutos: *El examen duró una **hora**.*

De orar = rezar: *Ella **ora** en la iglesia.*

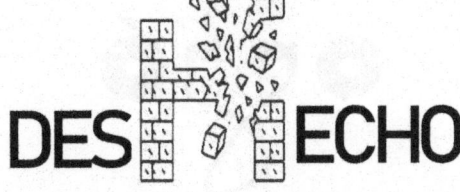

De deshacer: *El golpe **ha deshecho** la pared.*

**DESECHO**

De desechar = desestimar: ***Desecho** la h.*

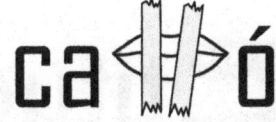

De callar: *Cerró la boca y se **calló**.*

De caer: *Se **cayó** por la escalera.*

Animal: *El **pollo** picotea los granos de trigo.*

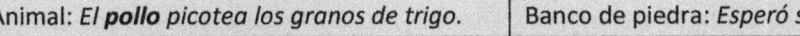

Banco de piedra: *Esperó sentado en el **poyo**.*

Desmenuzar restregando: ***Ralla** el queso.*

Hacer rayas: *Hizo **rayas** en su cuaderno.*

De rallar: *Yo **rallo** zanahorias para la ensalada.*

Línea de luz: *Anoche me deslumbró un **rayo**.*

Agujero: *Plantó el árbol en el **hoyo**.*

De oír: ***Oyó** una canción con sus auriculares.*

Capacidad: *Tiene **aptitud** para el estudio.*

Estado de ánimo: *Su **actitud** resulta agresiva.*

De contestar: *Yo siempre **contesto** al teléfono.*

Entorno: *Está influenciado por su **contexto**.*

Morirse: ***Expiró** ayer por la noche.*

Echar el aire aspirado: ***Espira** con dificultad.*

44

# EXPRESIONES EN UNA O MÁS PALABRAS

En este apartado se incluyen expresiones en una o más palabras:
a) con significados diferentes; b) con el mismo significado; c) con prefijos; d) con números.

**¿Cómo se enseñan las expresiones en una o más palabras?** Los apartados A, B y C no conllevan ejercicios adjuntos. Sencillamente, cuando en cualquier actividad escrita aparezca una de estas expresiones, se explicará su uso. En cuanto a la escritura de los números (apartado D), se recomienda mostrar a los alumnos los dibujos que ayudan a recordar su escritura (pág. 48) y realizar la actividad 11 (pág. 49).

## A. EXPRESIONES CON SIGNIFICADOS DIFERENTES

| | |
|---|---|
| ABAJO | • Lo puso **abajo**.<br>lugar |
| A BAJO | • Adquirió un coche **a bajo** precio.<br>a poco |
| ACERCA DE | • Me dijo cosas horribles **acerca de** tu hermana.<br>sobre |
| A CERCA DE | • La epidemia afectó **a cerca de** un millón de personas.<br>a un número aproximado de |
| APARTE | • No vi a nadie **aparte** de mis abuelos.<br>además de |
| A PARTE | • No permitieron entrenar **a parte** de los jugadores.<br>a un número de |
| APENAS | • Mi sobrina **apenas** sabe hablar.<br>difícilmente |
| A PENAS | • Fue condenado **a penas** muy largas.<br>a castigos |
| ASIMISMO/ASÍ MISMO | • Me encantaría, **asimismo / así mismo**, conocerla.<br>de la misma manera |
| A SÍ MISMO | • No me quiere, solo se quiere **a sí mismo**.<br>a él |
| CONQUE | • No tengo dinero, **conque** no puedo comprarlo.<br>así que |
| CON QUE | • Me regaló el balón **con que** jugó el último partido.<br>con el cual |
| DEBAJO | • Puso la planta **debajo** de la ventana.<br>lugar |
| DE BAJO | • Es un edificio **de bajo** presupuesto.<br>poco |

| | |
|---|---|
| **DEMÁS** | • *Pedro se fue y los **demás** también se marcharon.*<br>otros |
| **DE MÁS** | • *Si bebe **de más**, perjudicará su salud.*<br>demasiado |
| **ENTORNO** | • *La casa está en un **entorno** maravilloso.*<br>ambiente |
| **EN TORNO** | • *Habría en el campo **en torno** a 9000 espectadores.*<br>aproximadamente |
| **ENTRETANTO** | • *Iba paseando y, **entretanto**, leía.*<br>mientras tanto |
| **ENTRE TANTO** | • *No hay ningún médico **entre tanto** viajero.*<br>entre todo |
| **MEDIODÍA / MEDIANOCHE** | • *Suelo comer una fruta **a mediodía** / **a medianoche**.*<br>sobre las 12, la parte central del día o de la noche |
| **MEDIO DÍA / MEDIA NOCHE** | • *Estuvimos **medio día** / **media noche** sin verle.*<br>la mitad del día o de la noche |
| **PORQUE** | • *Salimos corriendo **porque** había peligro.*<br>pues, ya que |
| **POR QUE** | • *La razón **por que** no se pueden ver es la envidia.*<br>por [el/la/los/las] que |
| **PORQUÉ** | • *No comprende el **porqué** de su enfado.*<br>motivo |
| **POR QUÉ** | • *Dime **por qué** te fuiste tan pronto.*<br>pregunta |
| **SINO** | • *No es rico, **sino** pobre.*<br>pero sí |
| **SI NO** | • *No te volveré a hablar **si no** me pides perdón.*<br>introduce una condición negativa |
| **TAMBIÉN** | • *He visto a tus padres y **también** a tu hermana.*<br>además |
| **TAN BIEN** | • *Entona **tan bien** que será un gran cantante.*<br>contrario de mal |
| **TAMPOCO** | • ***Tampoco** sabe tocar la flauta.*<br>también no |
| **TAN POCO** | • *Come **tan poco** que sentirá hambre pronto.*<br>cantidad |

# B. EXPRESIONES CON EL MISMO SIGNIFICADO

Aunque las siguientes expresiones se puedan escribir en una o más palabras, la Real Academia recomienda, como norma general, su escritura en una palabra: (**arcoíris**/*arco iris*), (**alrededor**/*al rededor*), (**aprisa**/*a prisa*), (**bienvenido**/*bien venido*), (**deprisa**/*de prisa*), (**enseguida**/*en seguida*), (**hierbabuena**/*hierba buena*), (**enhorabuena**/*en hora buena*), (**Nochebuena**/*Noche Buena*), (**Nochevieja**/*Noche Vieja*), (**bocabajo**/*boca abajo*), (**bocarriba**/*boca arriba*), (**enfrente**/*en frente*)...

# C. PREFIJOS

Los prefijos son elementos que se colocan delante de una palabra para matizar su significado.

## Prefijos sin guion

• **Se escribe el prefijo sin guion y pegado a la palabra cuando afecta a un solo vocablo:** *extra*terrestre, *super*nuevo, *bis*abuelo, *ex*marido, *ex*mujer, *ex*novio, *ex*novia, *ante*brazo, *pre*estreno, *trans*atlántico, *retro*visor, *sobre*volar, *infra*humano, *infra*valorado, *sub*desarrollado, *sub*acuático, *sub*terráneo, *extra*ordinario, *extra*judicial, *ultra*sonido, *exco*mulgar, *ex*carcelar, *tele*trabajo, *re*escribir, *re*abrir, *re*enviar, *re*educar, *re*definir, *re*construir, *uni*sex, *mono*volumen, *bi*anual, *bi*mensual, *bi*centenario, *multi*cine, *pluri*empleado, *super*hombre, *super*animal, *super*héroe, *super*modelo, *semi*diós, *semi*desnudo, *semi*analfabeto, *semi*abierto, *vice*presidente, *vice*rrector, *ir*reparable, *ir*reconocible, *a*político, *des*orientado, *des*considerado, *des*hecho, *homo*sexual, *hetero*sexual, *super*abundante, *super*nova, *super*mercado, *mini*cadena, *mini*bús, *ex*compañero, *mini*bar, *ex*jefa... Si a una palabra que empieza por «*erre*» se le antepone un prefijo, debe duplicarse la «*erre*»: *anti*rrobo, *vice*rrector... Si se combinan varios prefijos para modificar una sola base, se escriben todos pegados: *exvice*ministra, *supersuper*tonto...

• **Se escribe el prefijo sin guion y separado de la palabra cuando afecta a más de un vocablo:** *ex* número uno, *ex* secretario general, *ex* primer ministro, *ex* teniente coronel, *pro* derechos humanos, *anti* pena de muerte, *pro* cambio climático, *anti* maltrato animal. También, separado si son dos los prefijos: *ex vice* primer ministro ...

## Prefijos con guion

• **Se escribe el prefijo con guion:**

— **Cuando la palabra a la que se le antepone el prefijo comienza con letra mayúscula:** *anti*-OTAN, *ex*-Beatle, *pro*-ONU, *pro*-LGTBI, *anti*-UEFA...

— **Cuando el prefijo precede a una cifra:** *sub*-21, *sub*-18...

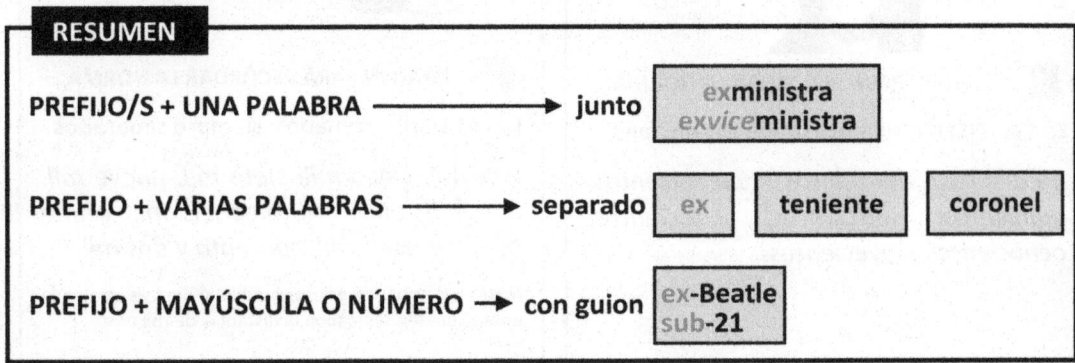

**RESUMEN**

| | | | |
|---|---|---|---|
| PREFIJO/S + UNA PALABRA ⟶ junto | exministra exviceministra | | |
| PREFIJO + VARIAS PALABRAS ⟶ separado | ex | teniente | coronel |
| PREFIJO + MAYÚSCULA O NÚMERO ⟶ con guion | ex-Beatle sub-21 | | |

# D. EXPRESIONES CON NÚMEROS

Las expresiones numéricas pueden indicar cantidad u orden.

## ● NÚMEROS QUE INDICAN CANTIDAD

Los números que indican cantidad se pueden escribir juntos o separados. Para diferenciar su escritura, se ofrecen a continuación las pautas que se han de seguir. Como las normas pueden olvidarse fácilmente, el profesor mostrará a los alumnos los dibujos que las acompañan; esto facilitará su recuerdo.

---

### Hasta el 30: se escriben JUNTOS

 **IMAGEN PARA RECORDAR LA NORMA:**

**A menos de 30**, bici y ciclista permanecen **unidos:**

*uno, seis, quince, dieciséis, diecisiete, dieciocho, diecinueve, veintiuno, veinticuatro, veintisiete, veintiocho...*

---

### Más de 30: se escriben SEPARADOS

**IMAGEN PARA RECORDAR LA NORMA:**

**A más de 30**, bici y ciclista **se separan**:

*treinta y dos, cuarenta y tres, cincuenta y uno, sesenta y cinco, setenta y seis...*

**Nota:** La RAE dice que también se pueden escribir en una sola palabra (cincuentaiuno, ...), aunque no es recomendable. En este caso la *y* cambiaría a *i*.

---

### Cientos: se escriben JUNTOS

**IMAGEN PARA RECORDAR LA NORMA:**

La CeniCIENta, siempre **unida** al príncipe:

*doscientos, trescientos, cuatrocientos, quinientos, seiscientos, setecientos, ochocientos, novecientos...*

---

### Miles: se escriben SEPARADOS

**IMAGEN PARA RECORDAR LA NORMA:**

Los **MIL**iarios romanos, siempre **separados**:

*tres mil, cinco mil, siete mil, nueve mil, diez mil, once mil, dieciséis mil, veinte mil, veintiséis mil, cuarenta y dos mil...*

**NOTA:** Los **miliarios** eran columnas o piedras que en la época romana marcaban la distancia de mil pasos.

# Actividad 11: Números

**NÚMEROS**

## Situación inicial

El profesor escribirá en la pizarra un número de una a seis cifras.

## Desarrollo

**a.** Todos copiarán en sus cuadernos, con letras, el número escrito en la pizarra.

**b.** El profesor designará al azar a uno de los alumnos, que se colocará en el frontal del aula. Dicho alumno se desplazará, avanzando tantos pasos como palabras contenga el número. A cada paso realizado deberá decir en voz alta la cantidad que le corresponda. Los demás se fijarán en los movimientos y corregirán en sus cuadernos los posibles errores.

Véase un ejemplo para el número 3864 (seis pasos).

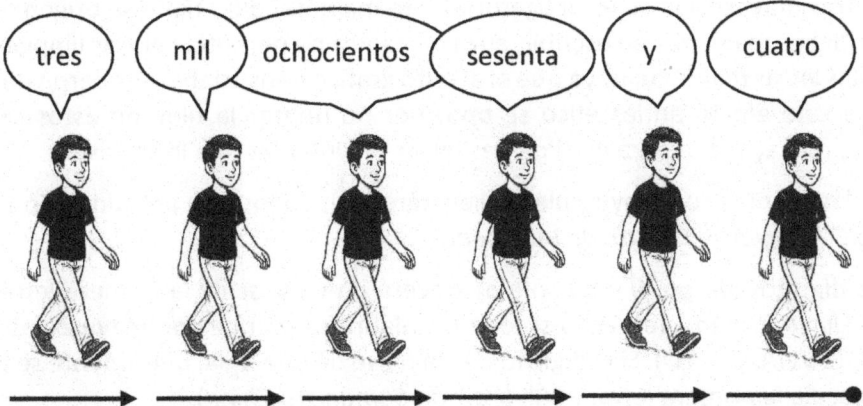

## ● NÚMEROS QUE INDICAN ORDEN

No se proponen actividades específicas para aprender la escritura de los números ordinales. Sin embargo, se deberá hacer alusión a ellos cuando el contexto lo demande:

*primero (1.º), segundo (2.º), tercero (3.º), cuarto (4.º), quinto (5.º), sexto (6.º), séptimo (7.º), octavo (8.º), noveno o nono —raro— (9.º), décimo (10.º), undécimo o decimoprimero o décimo primero (11.º), duodécimo o decimosegundo o décimo segundo (12.º), decimotercero o décimo tercero (13.º), decimocuarto o décimo cuarto (14.º), decimoquinto o décimo quinto (15.º), decimosexto o décimo sexto (16.º), decimoséptimo o décimo séptimo (17.º), decimoctavo o décimo octavo (18.º), decimonoveno o décimo noveno o decimonono (19.º), vigésimo (20.º), trigésimo (30.º), cuadragésimo (40.º), quincuagésimo (50.º), sexagésimo (60.º), septuagésimo (70.º), octogésimo (80.º), nonagésimo (90.º), centésimo (100.º)…*

# LETRAS MAYÚSCULAS

En español, como en los demás idiomas que usan el alfabeto latino, se distinguen dos tipos de letras: mayúsculas y minúsculas. Las diferencias entre unas y otras vienen dadas por su distinto tamaño y, en la mayoría de los casos, por un cambio en la forma. Históricamente, las letras mayúsculas son anteriores a las minúsculas. De hecho, los romanos, en un principio, solo disponían de letras mayúsculas. Hubo que esperar hasta el siglo XV para comenzar a ver las primeras letras minúsculas con un cierto parecido a las letras actuales.

## A. INFORMACIONES SOBRE LAS LETRAS MAYÚSCULAS

• La **tilde y la diéresis** se han de colocar también en las letras mayúsculas si así lo requieren: *ÁLVARO, PINGÜINO...* En algunas personas existe la creencia de que la tilde en las letras mayúsculas no es obligatoria. Este malentendido tiene su origen en el uso de las antiguas máquinas de escribir, cuya mecánica no permitía colocar limpiamente la tilde en las letras mayúsculas, ya que el acento gráfico «ensuciaba» el cuerpo de la letra. Debido a este efecto antiestético se optó por no utilizar la tilde en estos casos. No obstante, no hay razón para no tildar las letras mayúsculas que lo precisen.

• Las **siglas** escritas con mayúscula no llevarán tilde, aunque su pronunciación lo exija: *CIA* y no *CÍA* (*Agencia Central de Inteligencia*).

• En los **dígrafos** *ch*, *gu*, *ll* y *qu* solo aparecerá en mayúscula la primera letra: *China, Guinea, Lluvia, Quino...* (excepto si toda la palabra se escribe con mayúsculas: *CHINA, GUINEA, LLUVIA, QUINO*). Si el dígrafo forma parte de una sigla, únicamente se escribirá en mayúscula la primera letra: *PCCh* (*Partido Comunista Chino*).

• Se recomienda que no se coloque punto en la escritura manual de las letras *i* y *j* mayúsculas: *Isabel, Jesús...* No obstante, esta práctica tampoco puede considerarse «censurable».

## B. USOS MÁS COMUNES DE LAS LETRAS MAYÚSCULAS

Las letras mayúsculas se utilizan, fundamentalmente, como consecuencia del uso de los signos de puntuación o como identificadoras de los nombres.

En las páginas siguientes se incluyen ambos casos; no obstante, únicamente se realizarán ejercicios con la letra mayúscula como identificadora de nombres.

Para una programación más eficaz, estos contenidos se presentan en tres niveles diferentes: nivel 1 (normas 5-10); nivel 2 (normas 11-17) y nivel 3 (normas 18-24).

**¿Cómo se enseña el uso de las letras mayúsculas?** Para enseñar el uso de las letras mayúsculas se procederá del modo siguiente:

En primer lugar, se estudiarán, una a una, todas las normas que componen un mismo nivel. Este trabajo se llevará a cabo mediante la aplicación exclusiva de la actividad 12 (pág. 62).

Una vez finalizado el estudio individual de cada norma, se repasarán todas las reglas que forman parte del mismo nivel; para ello, se recurrirá a las actividades 13 y 14 (págs. 63-66). Estas dos actividades también se emplearán para repasar las normas de varios niveles.

Véanse ahora las 24 reglas elegidas sobre el uso de las letras mayúsculas.

## 1. MAYÚSCULAS Y PUNTO

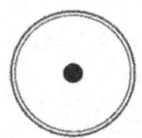

Se escribe mayúscula al principio de un escrito. También se escribe mayúscula después de un punto (incluso si antes de la mayúscula aparece un signo de apertura de paréntesis, interrogación, exclamación o comillas):

> *Volvió por la tarde. Todos se habían ido.*
> *Volvió por la tarde. ¿Lo viste?*

## 2. MAYÚSCULA Y DOS PUNTOS

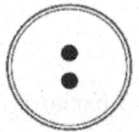

En líneas generales, se puede decir que se escribirá letra minúscula después de los dos puntos si lo que sigue depende del enunciado anterior. Y se escribirá mayúscula después de los dos puntos en casos como los siguientes:

— Tras el encabezamiento de una carta o correo electrónico:

> *Queridos padres:*
> *Hoy he vuelto de mis vacaciones.*

— Después de los dos puntos que anuncian una cita textual:

> *Dijo Chaplin: «Nunca te olvides de sonreír, porque el día que no sonrías será un día perdido».*
> *Afirmaba Gandhi: «Ojo por ojo... y el mundo acabará ciego».*

— Después de los dos puntos que cierran un epígrafe si se continúa en la misma línea:

> *Ríos españoles: Lo más importante de estos ríos es la...*

— Después de las expresiones que anuncian algo con «a continuación» o «siguiente(s)», siempre que lo que anuncien vaya en un párrafo aparte:

> *Realizaréis este trabajo de la manera siguiente:*
> *En primer lugar, se dibujan en la cartulina los objetos que se deseen recortar, procurando seguir fielmente las líneas marcadas...*

— Después de los dos puntos que siguen a las palabras «ejemplo» o «nota»:

> *Nota: Es conveniente abrir el recipiente tirando de la anilla de la parte superior de la lata.*

— En los documentos, después de los dos puntos que siguen a las palabras «certifica», «expone», «solicita», etc.:

> CERTIFICA:
> *Que la alumna María del Carmen Alonso Díez ha estado matriculada en este centro durante el curso 2025-2026.*

## 3. MAYÚSCULA Y PUNTOS SUSPENSIVOS

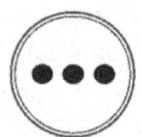

Se escribe mayúscula después de los puntos suspensivos cuando estos cierran un enunciado:

> *Comimos jamón, verdura, pescado... Después nos marchamos.*
> *Prometió llamar por la noche... Nunca cumplió su palabra.*

No se escribe mayúscula cuando el enunciado sigue abierto:

> *Dije que iba a llover... y llovió.*

## 4. MAYÚSCULA Y SIGNOS DE INTERROGACIÓN Y EXCLAMACIÓN

Se escribe mayúscula después de un enunciado interrogativo o exclamativo cuando este aparece completo:

> *¿Qué tal estás? Yo te veo bien.*
> *¡Qué barbaridad! No esperaba eso de ti.*

En cambio, se escribe minúscula después de estos signos cuando los signos no están al principio del enunciado:

> *Al fin y al cabo, ¿para qué querías un coche tan grande?; Pero ¿dónde has estado?*

Se recuerda que en este último caso no se coloca coma después de *pero*, aunque al hablar se haga una pausa. Sí puede llevar coma delante:

> *Quería ayudarte, pero ¿cómo hacerlo?*

## 5. NOMBRES DE PERSONAS Y APELLIDOS   [Nivel 1]

**Ejemplos:** *Luis, Francisco Javier, Carlos, María, Eva, Fernández, Rodríguez, Gutiérrez, María del Carmen, Josefa, Ana María, Isabel, María del Pilar, María Dolores, Laura, María Teresa, Antonio, José Manuel, Francisco, David, Juan, José Antonio, Javier, José Luis, Daniel, García, González, Fernando, López, Martínez, Sánchez, Pérez, Gómez, Martín, Hernández, Ruiz, Díaz, Carbajo, Jiménez, Arias, Jaime, Alonso, Mariana, Santamaría, Rosalía, Blanco, Mayo...*

También se escribirán con mayúscula las variantes de los nombres de pila (hipocorísticos): *Anamari, Juanmari, Pili, Maricarmen, Lola, Paco, Suso, Curro, Paca...*

**Normativa.** La mayúscula persiste en sus usos plurales: *Las Evas se han ido a la playa; Conozco a muchos Martínez...*

Si un apellido empieza por preposición, o por preposición y artículo, se escribe con minúscula si acompaña al nombre: *Álvaro de la Vega.* Si el apellido no acompaña al nombre, se escribirá con mayúscula: *El famoso escultor De la Vega expuso en Londres.* Si el apellido empieza por un artículo, este se escribirá siempre con mayúscula: *Paula La Mata.*

También se escriben con mayúsculas los sobrenombres, apodos y seudónimos: *Javier Pérez, el Elegante* (apodo); *Isabel la Católica* (sobrenombre); *Azorín* (seudónimo del escritor José Martínez Ruiz). En cualquier caso, el artículo irá con minúscula: *el Cigala.*

En cuanto a las familias y dinastías, se escribirán con letra inicial mayúscula: *los Borbones, los Austrias...*; pero se escribirán con minúscula si figuran como adjetivos: *los reyes borbones.*

Además, se escriben con mayúscula los nombres propios cuando se emplean para designar obras: *En el museo hay tres Picassos, cuatro Velázquez, algunos Goyas y varios Murillos.*

## 6. PERSONAJES DE FICCIÓN   [Nivel 1]

**Ejemplos:** *Mafalda, Mortadelo, Filemón, Pulgarcito, Blancanieves, Peter Pan, Pipi Calzaslargas, Supermán, Tarzán, Chita, Simbad, Snoopy, Jaimito, Carpanta, Frankenstein, Drácula, Donald, Astérix, Obélix, King Kong, Pinocho, Bambi, Popeye, Harry Potter, Simpson, Nemo, Aragorn, Batman, Tintín, Homer Simpson, Sancho Panza, Caperucita Roja, Papá Noel, Barba Azul...*

**Normativa.** Cuando un nombre común o un grupo nominal se utiliza como nombre propio (recurso muy utilizado en los cuentos infantiles), se escribirán con mayúscula inicial todas las palabras significativas, pero no el artículo: *el Gato con Botas, la Ratita Presumida, el Lobo Feroz, el Patito Feo, la Bella Durmiente, el Capitán Trueno, el Hombre Lobo...*

## 7. ASIGNATURAS   [Nivel 1]

**Ejemplos:** *Educación Artística, Educación Plástica y Visual, Música y Danza, Educación Física, Lengua Castellana, Matemáticas, Inglés, Biología, Geología, Geografía, Historia, Ciencias Naturales, Física y Química, Tecnología, Filosofía, Latín, Griego, Catalán, Literatura, Arte, Psicología, Economía, Sociología...*

**Normativa.** Se escriben con mayúscula los sustantivos y adjetivos que forman parte del nombre de una asignatura. No obstante, el nombre de una asignatura puede corresponderse con un conocimiento en general; en este caso, no se utilizará la mayúscula: *Me gusta estudiar inglés* (idioma); *He aprobado Inglés* (asignatura).

## 8. EQUIPOS DEPORTIVOS   [Nivel 1]

**Ejemplos:** *Unión Deportiva Almería, Club Atlético de Madrid, Fútbol Club Barcelona, Real Betis Balompié, Cádiz Club de Fútbol, Real Club Celta de Vigo, Elche Club de Fútbol, Getafe Club de Fútbol, Real Club Deportivo Mallorca, Club Atlético Osasuna, Real Madrid Club de Fútbol, Real Sociedad de Fútbol, Sevilla Fútbol Club, Valencia Club de Fútbol...*

**Normativa.** Se escriben con mayúscula inicial todas las palabras significativas del nombre completo de los equipos deportivos. También su denominación corta: *el Betis, el Rayo...*

## 9. CONJUNTOS MUSICALES Y COMPAÑÍAS ARTÍSTICAS   [Nivel 1]

**Ejemplos:** *El Canto del Loco, La Oreja de Van Gogh, Mecano, Héroes del Silencio, Extremoduro, Radio Futura, Barón Rojo, Circo del Sol, Compañía Nacional de Teatro Clásico, Periferia Teatro, Teatro Esfera, Vetusta Morla, Oasis, Revólver, Estopa, Viva Suecia, Fangoria, La Habitación Roja, Arrabal Teatro, La Pulga, El Último Telón...*

**Normativa.** Se escriben con mayúscula inicial las palabras significativas del nombre completo de conjuntos y compañías artísticas (y el artículo si forma parte del nombre oficial).

## 10. PARTIDOS POLÍTICOS   [Nivel 1]

**Ejemplos:** *Partido Socialista Obrero Español, Partido Nacionalista Vasco, Partido Comunista de los Trabajadores de España, Partido Comunista de los Pueblos de España, Vox, Unidas Podemos, Partido Popular, Unión del Pueblo Navarro, Partido Regionalista Cántabro, Unión del Pueblo Leonés, Sumar, Los Verdes, Compromís...*

**Normativa.** Se escriben con mayúscula inicial todas las palabras significativas del nombre completo de los partidos políticos.

## 11. TÍTULOS DE LIBROS, CUADROS, PELÍCULAS   [Nivel 2]

**Ejemplos: LIBROS** (*Don Quijote de la Mancha* [abreviado el *Quijote;* el artículo con minúscula y en redonda], *La historia interminable, Momo, El libro del buen amor, Harry Potter y la piedra filosofal, El principito, La isla del tesoro, Platero y yo, Matilda, Mujercitas, El pequeño Nicolás, Diccionario de la lengua española* [no *Diccionario de la Lengua Española*]...).
**CUADROS Y ESCULTURAS** (*Las meninas, Los girasoles, El nacimiento de Venus, La joven de la perla, Los desastres de la guerra, El beso, El jardín de las delicias, La última cena, La maja desnuda, El entierro del conde de Orgaz, Los girasoles, El discóbolo, Venus de Milo, La piedad, El pensador*...).
**PELÍCULAS** (*La guerra de las galaxias, La bruja novata, ¡Liberad a Willy!, Blancanieves y los siete enanitos, La familia Addams, Los cazafantasmas, Aladdín, El libro de la selva, El rey león, Frozen, La dama y el vagabundo, Peter Pan, Tarzán*...).

**Normativa.** Se escribe con mayúscula inicial solo la primera palabra del título de libros, cuadros, películas, programas de radio y televisión..., salvo que incluyan nombres propios.

## 12. PRENSA   [Nivel 2]

**Ejemplos:** *El País, La Razón, El Diario Vasco, El Mundo, Libertad Digital, Ok Diario, Periodista Digital, Público, As, Marca, Mundo Deportivo, Cinco Días, El Economista, Expansión, La Vanguardia, La Voz de Galicia, Diario de León, El Confidencial, El Periódico, El Español, ABC, Faro de Vigo, El Correo, Heraldo de Aragón, La Nueva España, Las Provincias, Faro de Vigo, Diario de Navarra...*

**Normativa.** Se escriben con mayúscula la primera y todas las palabras significativas que forman parte del nombre de una publicación.

## 13. SERES RELIGIOSOS Y MITOLÓGICOS   [Nivel 2]

**Ejemplos:** *Alá, Jehová, Buda, Jesucristo, Mahoma, Espíritu Santo, Satanás, el Creador, el Todopoderoso, Cristo Redentor, el Salvador, el Maligno, Lucifer, la Virgen del Camino, el Cristo de los Desamparados, la Virgen del Carmen, Venus, Zeus,* Júpiter, Neptuno, Marte, Atenea, Vulcano, Afrodita...

**Normativa.** Se escriben con mayúscula inicial los nombres de los dioses o seres del ámbito religioso y mitológico.

En cambio, se recomienda la minúscula para escribir las palabras relacionadas con la religión (*misa, cielo, paraíso*...). Del mismo modo, se aconseja el uso de la minúscula, pues no hay razón lingüística que lo justifique, en los pronombres personales cuando sustituyen a la divinidad: *Dios te cuidará y él te protegerá.*

## 14. SIGLAS Y ACRÓNIMOS   [Nivel 2]

**Ejemplos:** Siglas (*DNI* [*Documento Nacional de Identidad*], *RTVE* [*Radio Televisión Española*], *CGP* [*Cuerpo General de Policía*], *BBVA* [*Banco Bilbao Vizcaya Argentaria*], *FP* [*Formación Profesional*], *OMS* [*Organización Mundial de la Salud*], *IRPF* [*Impuesto sobre la Renta de las Personas Físicas*]...). Las siglas se deletrean.

Acrónimos ( *ONCE* [*Organización Nacional de Ciegos Españoles*], *ONU* [*Organización de las Naciones Unidas*], *GEO* [*Grupo Especial de Operaciones*], *INE* [*Instituto Nacional de Estadística*], *ESO* [*Educación Secundaria Obligatoria*], *RAE* [*Real Academia Española*], *MEC* [*Ministerio de Educación y Ciencia*], *OTAN* [*Organización del Tratado del Atlántico Norte*], *COI* [*Comité Olímpico Internacional*], *TIC* [*Tecnologías de la Información y la Comunicación*]...). Los acrónimos se leen como una palabra.

**Normativa.** Se escriben con mayúscula y sin puntos las siglas y acrónimos. Además, no está permitido dividir las siglas y acrónimos con guion al final de una línea.

Aunque no es frecuente, a veces pueden aparecer siglas o acrónimos donde se combinan letras mayúsculas y minúsculas: *AEMet* (*Agencia Estatal de Meteorología*).

Las siglas deberán ir precedidas de los artículos que les correspondan según el género del primer sustantivo. No obstante, si el sustantivo es femenino y la primera palabra comienza con una *a* tónica, se empleará el artículo masculino (*el ALCI*: *Área de Libre Comercio Internacional*); si es femenino, pero la primera palabra empieza por *a* átona, el artículo adecuado es *la* (*la AMPA*: *la Asociación de Madres y Padres de Alumnos*).

También, cuando una sigla se pluraliza se debe de evitar el anglicismo consistente en añadir una *s* (incorrecto: *las ONG$_s$*), porque las siglas son invariables en la escritura en cuanto al número (*la ONG, las ONG*). Pero si una sigla se lexicaliza (se convierte en palabra común) sí admite el plural: *el ovni/los ovnis*.

## 15. DIVISIONES DEL TERRITORIO   [Nivel 2]

**Ejemplos:** Países (*Italia, Francia, Estados Unidos, Rusia, Alemania, India, Marruecos, Bélgica, España, Grecia, Noruega, Polonia, Portugal, Argentina, Brasil, Perú, Colombia, Nigeria, Austria, Uruguay, Egipto, Senegal, Canadá, Irlanda, Suiza, Hungría, Chile*...).

Comunidades autónomas (*Andalucía, Aragón, Principado de Asturias, Canarias, Cantabria, Castilla y León, Castilla-La Mancha, Cataluña, Extremadura, Galicia, Comunidad de Madrid, Región de Murcia, Comunidad Foral de Navarra*...). La expresión «comunidad autónoma» se escribirá con mayúscula solo cuando acompaña al nombre oficial; en cambio, se escribirá con minúscula en su uso general, como categoría administrativa: *Asistieron dos representantes por cada comunidad autónoma.*

PROVINCIAS, CIUDADES Y PUEBLOS (*Zamora, Tarragona, Guadalajara, Jaén, Soria, Segovia, Murcia, Cádiz, Lugo, Santander, Salamanca, Sevilla, Zaragoza, Nueva York, Luarca, Benavente, Úbeda, Santiago de Compostela, Ávila, Macotera, Sotillo de la Adrada, Malgrat de Mar, Pineda de Mar, Boñar, Ciudad Real, Cuenca, Irún, Córdoba, Almería...*).

**Normativa.** Si un país o una localidad llevan en su nombre oficial un artículo, también se escribirá el artículo con mayúscula: *El Salvador, La Paz* (*ciudad de Bolivia*)... Si el artículo es opcional y no forma parte del nombre oficial de un país, se escribirá con minúscula inicial: *el Canadá, la China, el Perú...*

El artículo que antecede al nombre de una comunidad autónoma se escribe con mayúscula: *Castilla-La Mancha y La Rioja*. En cambio, el artículo que antecede al nombre de una comarca se escribe con minúscula: *vino de la Rioja, miel de la Alcarria, trigo de los Monegros, pimientos del Bierzo, cocido de la Maragatería...*

## 16. BARRIOS, URBANIZACIONES, CALLES Y PARQUES   [Nivel 2]

**Ejemplos:** *barrio de la Barceloneta, barrio de Malasaña, barrio Húmedo, urbanización Pinares, calle Alcalá, avenida de los Reyes Católicos, plaza del Negrillón, barrio del Albaicín, barrio Gótico, barrio de Santa Cruz, barrio de Cimadevilla, barrio del Sacromonte, calle Marqués de Larios, calle Laurel, parque del Retiro, parque de María Luisa, parque de la Magdalena, parque del Rinconín, parque del Guadiana, plaza Mayor, barrio de la Palomera, calle de los Robles, calle Real, plaza del Diamante, calle de Gracia, plaza del Pescado...*

**Normativa.** Cuando el nombre del barrio, calle, plaza o cualquier otro lugar está formado por varias palabras, se escriben con mayúscula las palabras significativas, no así los artículos y preposiciones: *parque de la Alameda, calle Primero de Mayo...*

## 17. ACCIDENTES GEOGRÁFICOS (O SIMILARES): OCÉANOS, MARES, BAHÍAS, LAGOS, RÍOS, EMBALSES, CANALES, CORDILLERAS, SIERRAS, MONTAÑAS, PICOS, CABOS, GOLFOS, ISLAS, DESIERTOS...   [Nivel 2]

**Ejemplos:** *océano Atlántico, océano Índico, océano Pacífico, mar Mediterráneo, mar Cantábrico, bahía de Santander, lago de Sanabria, río Tajo, río Miño, río Duero, río Guadiana, río Guadalquivir, río Ebro, embalse del Porma, canal de la Mancha, cordillera Cantábrica, pico Aneto, cabo de Creus, cabo de Gata, cabo de Finisterre, cabo de Palos, golfo de Valencia, río Esla, mar Menor, río Sil, río Bidasoa, río Júcar, cabo de la Nao, cabo Machichaco, estrecho de Gibraltar, monte Teleno,* **desierto del Sáhara** (*también Sahara*)...

**Normativa.** Se escriben con mayúscula los nombres propios de los accidentes geográficos y con minúscula el nombre común genérico antepuesto. Si estos nombres propios van precedidos de un artículo, con presencia o sin presencia del genérico, el artículo se escribirá con minúscula: *el río Ebro, el Ebro...*

Excepcionalmente, algunos sustantivos que acompañan a los accidentes geográficos forman parte «inherente» del nombre, caso en el que deben escribirse con mayúsculas: *Sierra Morena, Picos de Europa, Montañas Rocosas, Selva Negra, Playa Girón...*

## 18. CUERPOS CELESTES   [Nivel 3]

**Ejemplos:** *Mercurio, Venus, Tierra, Marte, Júpiter, Saturno, Urano, Neptuno, Plutón, Sol, Luna, Halley...*

**Normativa.** Las palabras *tierra, sol* y *luna* se escriben con mayúscula solo cuando se utilizan en contextos astronómicos: *El Sol es una estrella; Ya se puso el sol; La Luna es un satélite; Hoy brilla la luna.*

## 19. SIGNOS DEL ZODIACO   [Nivel 3]

**Ejemplos:** *Aries, Tauro, Géminis, Cáncer, Leo, Virgo, Libra, Escorpio, Sagitario, Capricornio, Acuario y Piscis.*

**Normativa.** Se escribirá con mayúscula tanto la palabra Zodiaco (también Zodíaco) como los signos que lo componen: *He nacido bajo el signo de Aries.* En cambio, se escribirá minúscula cuando se emplean para designar el signo de las personas: *Soy aries; Los géminis son trabajadores.*

## 20. FESTIVIDADES, CELEBRACIONES, EVENTOS CULTURALES O DEPORTIVOS Y PREMIOS Y CONDECORACIONES   [Nivel 3]

**Ejemplos:** *Navidad* (se escribirá con minúscula, en cambio, cuando se refiere a un periodo de tiempo, generalmente en plural, y no a la festividad: *las navidades*), *Sanfermines* (si se refiere a un periodo de tiempo, se admite *sanfermines*), *Año Nuevo, Semana Santa, Día de la Madre, Día de la Mujer, Fallas de Valencia, Feria de Abril de Sevilla, Tomatina de Buñol, Día Mundial de la Poesía, Día Mundial del Síndrome de Down, Carnaval de Tenerife, Juegos Olímpicos, Jornadas del Mejillón, Congreso de Cirugía del Aparato Digestivo, Premio Princesa de Asturias, Premio Nobel de la Paz, Cruz de San Fernando, Cruz del Mérito al Trabajo...*

**Normativa.** Se escriben con mayúscula los sustantivos y adjetivos que forman parte del nombre de festividades, celebraciones, eventos culturales y recreativos, premios... También se aplica la norma a los periodos religiosos: *la Semana Santa, la Pascua...*

## 21. ASOCIACIONES Y GRUPOS   [Nivel 3]

**Ejemplos**: *Asociación de Amigos del Camino de Santiago, Asociación de Madres y Padres de Alumnos, Organización de Consumidores y Usuarios, Fundación Internacional de Derechos Humanos, Plataforma en Defensa del Ferrocarril, Asociación Bienestar y Desarrollo, Sociedad Protectora de Animales y Plantas, Asociación Montaña y Desarrollo, Amigos de la Tierra, Asociación en Defensa de la Escuela, Asociación de Amigos de Puerto de Vega, Grupo por los Derechos de los Simios, Comunidad de Campesinos del Valle de Vidriales, Plataforma de Usuarios de la Telefonía Móvil, Plataforma en Defensa del Urogallo, Asociación de Vecinos por la Tolerancia, Asociación en Defensa de la Montaña Palentina...*

**Normativa.** Se escriben con mayúscula inicial todas las palabras significativas del nombre completo de asociaciones y grupos. La mayúscula no afecta a artículos, conjunciones o preposiciones. No obstante, en casos excepcionales, también podrán llevar mayúscula inicial palabras no significativas: *Médicos Sin Fronteras...*

Si un sustantivo genérico se pluraliza cuando precede a dos organismos diferentes, se escribirá con letra minúscula: *Julián trabaja los jueves en los ministerios de Defensa y Sanidad.*

## 22. EDIFICIOS, MONUMENTOS Y ESTABLECIMIENTOS   [Nivel 3]

**Ejemplos:** EDIFICIOS Y MONUMENTOS (*Palacio Real, Casa Blanca, Partenón, Catedral de León, Torre Eiffel, Arco del Triunfo, Palacio de La Magdalena, Palacio de San Telmo, Catedral de Burgos, Palacio del Infantado, Palacio de La Zarzuela, Palacio de la Moncloa* [o *la Zarzuela* y *la Moncloa,* con el artículo en letra minúscula]...).

ESTABLECIMIENTOS COMERCIALES, CULTURALES Y RECREATIVOS (grandes almacenes *El Corte Inglés,* bar *La Tasca de Eulogio,* restaurante *El Rincón del Jamón,* pizzería *Nolo,* hotel *Guillem,* pescadería *La Ría,* talleres *Tino,* almacenes *La Revoltosa,* hotel *Infantas de León,* farmacia *Mondelo* ...).

**Normativa.** Es igualmente correcta la minúscula en el nombre genérico que acompaña a un edificio o a un monumento si se entiende que se usa como descriptivo y no forma parte de su denominación: *torre Eiffel, catedral de León...*

Referente a los establecimientos comerciales, se escribe letra mayúscula en la primera palabra y en todas sus palabras significativas. Además, como en el caso de edificios y monumentos, el nombre genérico (*bar, restaurante, café, hotel, discoteca...*) que acompaña al nombre propio puede escribirse con mayúscula o minúscula: *hotel Ritz = Hotel Ritz, café Gijón = Café Gijón, restaurante Ezequiel = Restaurante Ezequiel...* Aunque ambas son válidas, se recomienda el uso de la minúscula.

## 23. ENTIDADES, INSTITUCIONES Y ORGANISMOS  [Nivel 3]

**Ejemplos:** *Ministerio de Sanidad, Universidad Complutense, Facultad de Psicología, Área de Recursos Humanos, Colegio de Educación Infantil y Primaria Villa Romana, Ayuntamiento de Valencia,* Instituto de Enseñanza Secundaria Ordoño II, *Ministerio de Cultura y Deporte, Ministerio de Educación y Formación Profesional, Ministerio de Justicia,* Senado, Congreso, Organización de las Naciones Unidas, Ministerio de Hacienda, Dirección General del Libro, Ministerio de Asuntos Exteriores, Real Academia Española, Dirección General de Tráfico, Cruz Roja, Ayuntamiento de Pontevedra, Junta de Andalucía, Real Academia de la Historia, Gobierno de España, Senado, Tribunal Supremo, Tribunal Constitucional, Banco de España, Agencia Tributaria, Defensor del Pueblo, Policía Nacional, Tribunal de Cuentas, Consejo Superior de Investigaciones Científicas, Consejo General del Poder Judicial...*

**Normativa.** Se escriben con mayúscula todas las palabras significativas del nombre completo de una entidad: *Universidad Complutense*; pero también se escribe con mayúscula inicial si habitualmente se conoce la entidad por su forma abreviada: *la Complutense.*

Además, se escriben con mayúscula sustantivos como *la Administración, la Corona, el Ejército, la Policía, la Iglesia,* etc., cuando designan instituciones: *La Iglesia ha manifestado sus intenciones; La Policía anunció nuevas medidas de seguridad.*

## 24. PERIODOS HISTÓRICOS  [Nivel 3]

**Ejemplos:** *Edad de Piedra,* Paleolítico, Mesolítico, Neolítico, Edad del Cobre, Edad del Bronce, Edad del Hierro, Edad Antigua, Antigüedad, **Edad Media**, Edad Moderna, Edad Contemporánea, Renacimiento, Medievo, Alta Edad Media, Romanticismo, Siglo de Oro, Siglo de las Luces...*

**Normativa.** Se escriben con mayúscula las palabras significativas de los periodos históricos. Los sustantivos *prehistoria* e *historia* se escriben con minúscula inicial.

En cuanto a la palabra «imperio», puede referirse a los diversos territorios que lo conforman o puede designar un periodo de tiempo. Tanto en un caso como en otro, se escribirá con letra mayúscula la palabra *imperio* y con minúscula el especificativo que le acompaña: *Imperio romano, Imperio bizantino, Imperio austrohúngaro...*

Los acontecimientos históricos se escriben con mayúscula solo cuando dan nombre a determinados periodos históricos: *la Reconquista, la Semana Trágica, la Primavera de Praga...*; pero se escribirán en minúscula —salvo los nombres propios— si la denominación señala un hecho puntual que no refleja un periodo histórico: *el desembarco de Normandía, la caída del Imperio romano, el descubrimiento de América, el motín de Esquilache, la toma de la Bastilla...*

# MAYÚSCULA O MINÚSCULA: CASOS FRECUENTES DE ERROR

**Se escriben con letra minúscula inicial:**

- **Los tratamientos:** *don, doña, san, santo/a, fray, sor, doctor, excelencia, señor/a, usted, señoría, su santidad León XIV, su majestad Felipe VI* (se admiten *Su Santidad* y *Su Majestad* para dirigirse al papa o al rey si el tratamiento no va acompañado del nombre); **don** y **doña**, cuando van delante del nombre propio, se escriben con minúscula: *don Ramón, doña Ana...*; pero mayúscula con abreviatura: *D. Ramón, Dña. Ana...*
- Los nombres para designar **títulos** (*marqués...*), **altas dignidades** (*rey, reina* —con minúscula, vayan acompañados o no del nombre: *el rey, el rey Felipe VI*—) o **cargos** (*jefe de Estado, ministro, presidente, director, jefe de estudios, secretario, tutor...*).
- Los nombres de las **profesiones**: *albañil, profesora, juez, camarero, dependiente, carnicera, pescadero, comerciante, guardia, policía, maestro, farmacéutica...*
- Las palabras que indican la **nacionalidad** o la procedencia geográfica: *francés, gallega, catalán, madrileño, italiano, portuguesa, asturiana, andaluz, extremeño, polaco, noruego, danés, americano, yugoslava, argentino, chileno, peruana, colombiana...*
- Los nombres de las **lenguas**: *español, alemán, chino, inglés, francés, ruso...*
- Los **puntos cardinales**: *norte, sur, este, oeste.* Pero se han de escribir con mayúscula si forman parte del nombre de un país o similar: *Corea del Norte, América del Sur...*
- Los **días** de la semana, los **meses** y las **estaciones**: *lunes, martes, miércoles, jueves, viernes, sábado, domingo; enero, febrero, marzo, abril, mayo, junio, julio, agosto, septiembre, octubre, noviembre, diciembre; primavera, verano, otoño, invierno...*
- Las **notas musicales**: *do, re, mi, fa, sol, la, si...*; también, *fa mayor y fa menor* (abreviado: *fa M y fa m*).
- Los nombres de las **monedas**: *euro, libra, dólar, peso, yen japonés, franco, rupia...*
- Las **religiones**, los **conceptos religiosos** y las **oraciones**: *el catolicismo, la misa, el padrenuestro, el avemaría* (oración)...; pero *Ave María* (composición musical: *La orquesta interpretó el Ave María de Schubert*) o *¡Ave María!* (interjección: *¡Ave María, qué susto!*).
- **Los episodios de la historia sagrada**: *la crucifixión, la resurrección, la ascensión a los cielos, la matanza de los inocentes.* En cambio, se escribirá mayúscula si esos hechos se refieren a fiestas: *Fuimos a la playa el día de la Ascensión...*

**NOTA:** Hasta la publicación de la *Ortografía de la lengua española* (2010), se utilizaba habitualmente mayúscula en aquellos casos en los que quien escribía deseaba resaltar que un vocablo tenía una importancia especial (*Rey, Papa, Ministro, Majestad, Sacramento, Misa, Nación, Patria, Historia, Humanidad, Naturaleza...*). Hoy en día, la Real Academia Española aconseja que no se utilice la denominada «mayúscula de relevancia», por no tener justificación desde el punto de vista lingüístico.

# Actividad 12: Caminando

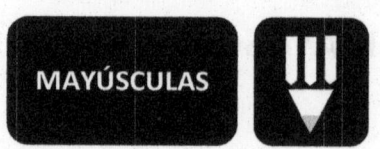

## Situación inicial

Los alumnos necesitarán una copia del cuadro de las mayúsculas (anexo 3) y su propio cuaderno de ortografía.

## Desarrollo

**a.** El profesor solicitará a los alumnos que escriban una oración que incluya un ejemplo sobre el caso de las mayúsculas que se haya estudiado.

**b.** A continuación, se designará a uno de los alumnos, quien leerá su ejemplo ante el resto de compañeros.

**c.** Todos los alumnos copiarán en sus cuadernos el enunciado expuesto.

**d.** Finalmente, a modo de corrección, el alumno elegido representará ante sus compañeros su oración. Para ello, deberá dar tantos pasos hacia adelante como palabras contenga la frase inventada, levantando ambos brazos cuando una de las palabras se deba escribir con letra mayúscula. Este proceso se repetirá de la misma manera con varios alumnos.

# Actividad 13: Manos arriba

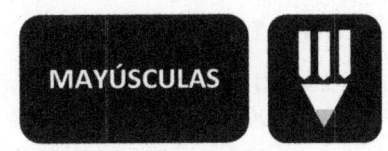

**MAYÚSCULAS**

### Situación inicial

Los alumnos necesitarán una copia del cuadro de las mayúsculas (anexo 3) y su propio cuaderno de ortografía.

### Desarrollo

**a.** El profesor leerá en voz alta una de las frases incluidas al final de esta actividad. Acto seguido, los alumnos la copiarán en sus cuadernos.

**b.** A continuación, todos identificarán, con la ayuda del anexo 3, la razón por la que una determinada palabra se ha de escribir con letra mayúscula.

**c.** El profesor ordenará salir al frente del aula a tantos alumnos como palabras tenga la frase elegida (el número de alumnos se incluye al final de cada frase). Estos se repartirán entre ellos las diferentes palabras. Después, se colocarán uno al lado del otro mirando al resto de sus compañeros.

**d.** Por turnos, y pronunciando cada uno en voz alta una de las palabras, los alumnos repetirán la frase, levantando ambos brazos aquellos a quienes les hayan correspondido palabras con letra mayúscula, y explicando la razón por la que su palabra debe escribirse de esa forma. Los alumnos a quienes les hayan tocado palabras con letra inicial minúscula mantendrán los brazos caídos al lado del cuerpo. El resto de los compañeros corregirá el ejercicio una vez observada la representación gestual.

**NIVEL 1:**

1. Mi mejor amigo es *Jaime*[5]. (5)
2. *Luis*[5] *Fernández*[5] es jefe de estudios. (6)
3. *Caperucita*[6] es amiga de un lobo. (6)
4. *Alfredo*[5] y *Andrés*[5] son buenos directores. (6)
5. Mañana cantará el grupo *Los Planetas*[9]. (6)
6. *Joaquín*[5] es del *Real Betis Balompié*[8]. (6)
7. *Iria*[5] y *Olaia*[5] son hermanas. (5)
8. El conde *Drácula*[6] me da miedo. (6)
9. Aprobó la asignatura de *Lengua Castellana*[7]. (6)
10. El *Gato con Botas*[6] es gracioso. (6)
11. Suspendí *Conocimiento del Medio*[7]. (4)
12. *Isabel*[5] *la Católica*[5] fue reina. (5)
13. *La Barraca*[9] era una compañía teatral. (6)
14. Me gusta la asignatura de *Matemáticas*[7]. (6)
15. *Juan*[5] dice que lloverá en abril. (6)
16. *Ramón*[5] y doña *Ana*[5] se casaron. (6)
17. *La Faraona*[5] era una cantante. (5)
18. Le llamaban *Bizcocho*[5]. (3)
19. *Paula*[5] es atentísima. (3)
20. Han votado a *Los Verdes*[10]. (5)
21. He sacado sobresaliente en *Geografía*[7]. (5)
22. La orquesta *Alegría*[9] tiene mucho éxito. (6)
23. El *Partido Popular*[10] ganó las elecciones. (6)
24. Me gusta cómo juega el *Alavés*[8]. (6)
25. He visto una película sobre *Tarzán*[6]. (6)
26. *Astérix*[6] y *Obélix*[6] son fantásticos. (5)
27. Esta estatua es del rey *Fernando*[5]. (6)
28. Voté al *Partido Socialista Obrero Español*[10]. (6)

**NIVEL 2:**

1. En verano hace calor en *Cádiz*[15]. (6)
2. Mi padre perdió el *DNI*[14]. (5)
3. El mar *Mediterráneo*[17] está sereno. (5)
4. *La maja desnuda*[11] es un cuadro. (6)
5. Lee *El País*[12] y *La Razón*[12]. (6)
6. En vacaciones iremos a *Nueva York*[15]. (6)
7. *Santander*[15] está en el norte. (5)
8. Bajó por la calle *Alameda*[16]. (5)
9. Leí *La isla del tesoro*[11]. (5)

10. Vimos *La bella y la bestia*[11]. (6)
11. Leen el periódico *La Nueva España*[12]. (6)
12. Descansamos en el parque del *Retiro*[16]. (6)
13. *Zeus*[13] es un dios griego. (5)
14. *Italia*[15] y *Portugal*[15] son países europeos. (6)
15. Toma vino de la *Rioja*[15]. (5)
16. *Guadalajara*[15] pertenece a *Castilla-La Mancha*[15]. (6)
17. Vimos *Buscando a Nemo*[11]. (4)
18. *Marca*[12] y *As*[12] son periódicos deportivos. (6)
19. Está en la calle *Gran Vía*[16]. (6)
20. Acabo de leer *El principito*[11]. (5)
21. Pintó el cuadro *Los girasoles*[11]. (5)
22. Visité la plaza *Primero de Mayo*[16]. (6)

## NIVEL 3

1. Pertenece a la *Edad de Piedra*[24]. (6)
2. Iremos a la *Feria de Abril*[20]. (6)
3. El *Sol*[18] es una estrella. (5)
4. Fuimos a la playa en *Nochevieja*[20]. (6)
5. Este monumento es del *Renacimiento*[24]. (5)
6. La *Luna*[18] es un satélite. (5)
7. *Capricornio*[19] y *Géminis*[19] pertenecen al *Zodiaco*[19]. (6)
8. *Celebraron el Día de la Mujer*[20]. (6)
9. El rey vive en *la Zarzuela*[22]. (6)
10. *Aries*[19] y *Leo*[19] son signos zodiacales. (6)
11. *Paleolítico*[24] y *Neolítico*[24] son periodos históricos. (6)
12. Visitamos el restaurante *Los Cuatro Gatos*[22]. (6)
13. El presidente reside en *la Moncloa*[22]. (6)
14. Existe un planeta llamado *Júpiter*[18]. (5)
15. Iremos al centro comercial *La Rosaleda*[22]. (6)
16. En junio comenzarán los *Juegos Olímpicos*[20]. (6)
17. La *Tierra*[18] es nuestro planeta. (5)
18. Cenaremos en el restaurante *El Patio*[22]. (6)
19. Obtuvo el *Premio Princesa de Asturias*[20] (6)
20. Trabaja en el *Ministerio de Sanidad*[23]. (6)
21. Preside la *Asociación contra la Contaminación*[21]. (6)
22. Descubrieron restos de la *Edad Media*[24]. (6)
23. Obtuvo el *Premio Nobel de Literatura*[20]. (6)
24. La *Complutense*[23] es una universidad madrileña. (6)
25. Celebramos *el Día del Agua*[20]. (5)

# Actividad 14: Identifica

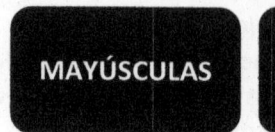

MAYÚSCULAS

## Situación inicial

Todos los alumnos tendrán a la vista una copia del cuadro de las mayúsculas (anexo 3) cuando se realice este ejercicio. Del mismo modo, es imprescindible, para llevar a cabo el «Desarrollo II», que los alumnos dispongan de su cuaderno de ortografía.

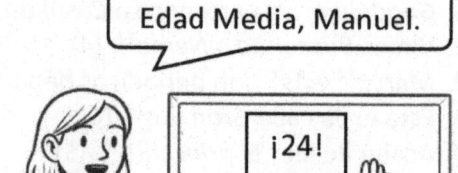

Edad Media, Manuel.

¡24!

## Desarrollo I

a. El profesor dirá en voz alta un ejemplo cualquiera de uno de los casos de uso de las letras mayúsculas que se corresponda con un nivel ya estudiado (págs. 53-60; casos: 5-24).

b. Después de unos instantes para que los alumnos observen los diferentes dibujos del anexo 3, el profesor preguntará al azar a uno de ellos en qué número del cuadro de las mayúsculas debería encasillarse el ejemplo nombrado. Este mismo proceso se repetirá tantas veces como se desee.

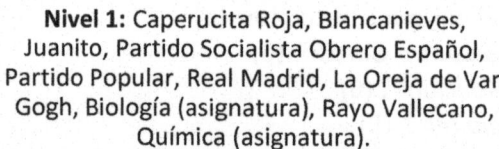

**Nivel 1:** Caperucita Roja, Blancanieves, Juanito, Partido Socialista Obrero Español, Partido Popular, Real Madrid, La Oreja de Van Gogh, Biología (asignatura), Rayo Vallecano, Química (asignatura).

## Desarrollo II

a. El profesor dictará diez ejemplos de nombres con mayúscula del nivel estudiado (págs. 53-60) y los alumnos los escribirán en sus cuadernos.

b. Tras consultar el anexo 3, los propios alumnos comprobarán lo copiado y escribirán al lado de cada ejemplo el número que le corresponda según dicho anexo.

# ORTOGRAFÍA DE LA ACENTUACIÓN

- Reglas generales [68-79]

- Tilde diacrítica [80-81]

- Tilde en aún/aun y tildes desaparecidas [82]

- Reglas especiales de acentuación [83-84]

# REGLAS GENERALES

Tradicionalmente, para aprender a colocar la tilde, era necesario identificar la sílaba tónica de la palabra y, después, dividir la palabra en sílabas. Esta división no resultaba fácil, pues exigía comprender conceptos como hiato, diptongo, triptongo, etc.

En cambio, con el método que se desarrolla a continuación, no se requieren estos conocimientos: solo se necesita distinguir las **vocales abiertas** (a, e, o) de las **vocales cerradas** (u, i). Cuando esto se sepa, bastará con seguir, por estricto orden, los cinco pasos del proceso de la acentuación.

## SOLO UNAS ACLARACIONES PREVIAS:

● **La _h_ intercalada no se ha de tener en cuenta**. En la palabra _prohibir_, por ejemplo, se considerará que están en contacto la _o_ y la _i_, aunque entre ambas aparezca la _h_, pues realmente las dos vocales suenan seguidas al pronunciar la palabra. Por esta razón, se aplicarán siempre las normas de la acentuación como si la _h_ no estuviera.

● **Los adverbios acabados en _–mente_ se tratarán como si dicha terminación no existiera**. Para saber si las palabras _cómodamente_ o _calurosamente_ llevan o no tilde, se deben analizar las palabras de las que proceden: _cómoda_ y _calurosa_. Si estas palabras llevan tilde, la llevarán también sus adverbios.

● **Las palabras de una sola sílaba —monosílabos— ya no llevan nunca tilde** (_fue, dio, vio..._), excepto en los casos denominados de tilde diacrítica (_sí, sé, té, más, dé, tú, mí, él_), que se estudiarán en otro apartado.

**¿Cómo se enseña la acentuación?** Para enseñar las reglas generales de la acentuación, se dictará una palabra (págs. 72-79) y se seguirán estos cinco pasos:

1. Identifica la vocal más sonora.
2. Tilde directa en una vocal cerrada.
3. Separa la palabra en sílabas.
4. Clasifica la palabra.
5. Aplica las reglas.

Con el fin de memorizar el orden de los pasos, se ha creado la figura del payaso Tildín (anexo 4). A partir de este personaje, se va describiendo de forma escueta, de arriba abajo, el camino que se ha de seguir. Cuando el alumno adquiera cierta soltura, no será necesario que consulte las normas, pues estas son muy sencillas y claras.

Véase, a continuación, qué hacer en cada uno de los cinco pasos de la acentuación.

## PASO 1 — IDENTIFICA LA VOCAL MÁS SONORA

**En cada palabra hay una vocal más sonora que las demás. Sobre ella siempre recae la mayor duración e intensidad de la voz:** *mesa, ventana, colegio, ciudadano...*

Cuando pronunciamos una palabra, es fácil identificar su vocal más sonora. Únicamente pueden surgir dudas en las palabras que presentan dos o más vocales seguidas. En este caso —¡muy importante!— se separan siempre las vocales al pronunciarlas (recuerda: no se trata de dividir la palabra en sílabas, sino de detectar cuál es la vocal más sonora). Si se hace así, resultará muy sencillo descubrir la vocal con mayor duración y sonoridad.

## PASO 2 — TILDE DIRECTA EN UNA VOCAL CERRADA

**Si la vocal más sonora ha resultado ser una cerrada (*u, i*), y está en contacto con una vocal abierta (*a, e, o*), se coloca directamente tilde sobre ella:** *púa, acabaría, reúne...* Esta tilde la llaman los lingüistas *hiática, robúrica* o *absoluta.* Aquí se prefiere la denominación *tilde directa,* por tildarse «directamente», sin aplicar otras normas.

La regla descrita también es válida para las palabras que presentan tres o más vocales seguidas: *sabíais, recibiríais, oíais, reíais...* Obsérvese que en todas estas palabras la vocal más sonora es una vocal cerrada en contacto con una vocal abierta. Por este motivo, la vocal cerrada lleva tilde «directamente» y no es necesario aplicar otras reglas. Para estas palabras, el proceso de la acentuación habrá terminado.

## PASO 3 — SEPARA LA PALABRA EN SÍLABAS

**Pero hay palabras cuya vocal más sonora no es cerrada, o es una cerrada que no está en contacto con una vocal abierta. En este caso, se ha de continuar el proceso de la acentuación y dividir la palabra en sílabas.**

Dividir una palabra en sílabas, cuando no hay vocales seguidas, resulta fácil, y se hace de forma natural (*si-lla, co-me-dor, bo-lí-gra-fo...*). En cambio, suelen surgir muchas dificultades si en una palabra hay vocales juntas (*feo, coméis, leer, cloaca, estudiáis...*). Cuando esto ocurra, se aplicará el siguiente principio: **«Si en una palabra hay dos vocales en contacto, esas vocales solo se pueden separar en sílabas diferentes si ambas son abiertas»** (*fe-o, le-er, clo-a-ca...*).* Así, por ejemplo, en las palabras «*co-méis*» y «*es-tu-diáis*» no existen dos vocales abiertas en contacto; por lo tanto, las vocales seguidas no se pueden separar y pertenecen todas ellas a la misma sílaba.

(*) **Nota:** También se separan dos vocales cerradas seguidas si son iguales (u-u/i-i); pero no es necesario explicar esta norma en primaria porque dicha secuencia es rarísima en español (*chi-i-ta, du-um-vi-ro...* y pocas palabras más).

Después de haber dividido una palabra en sílabas, se ha de continuar el proceso de la acentuación. En este momento, corresponde clasificar la palabra según la sílaba en la que recae la mayor duración en intensidad de voz, que siempre será aquella en la que se encuentra la vocal más sonora. Para recordar su clasificación, se utiliza el acrónimo «SELLA» (sobresdrújula-esdrújula-llana-aguda).

Aunque en la presentación el orden sea sobresdrújula, esdrújula, llana y aguda (para retener más fácilmente los nombres), la explicación debe realizarse en orden inverso, comenzando por las palabras agudas y terminando por las sobresdrújulas.

| **S**OBRESDRÚJULA | **E**SDRÚJULA | **LL**ANA | **A**GUDA |
|---|---|---|---|
| La mayor duración e intensidad de voz recae en la sílaba **anterior a la antepenúltima:** *llé-va-me-lo* | La mayor duración e intensidad de voz recae en la sílaba **antepenúltima:** *bo-lí-gra-fo* | La mayor duración e intensidad de voz recae en la sílaba **penúltima:** *bi-ci-**cle**-ta* | La mayor duración e intensidad de voz recae en la sílaba **última:** *or-de-na-**dor*** |

Ha llegado el final del proceso de la acentuación o camino de la tilde. Ahora que ya se sabe qué clase de palabra es, únicamente se han de aplicar las reglas generales.

| **S**OBRESDRÚJULAS | **E**SDRÚJULAS | **LL**ANAS | **A**GUDAS |
|---|---|---|---|
| LLEVAN TILDE *SIEMPRE:* mi-**rán**-do-se-lo ti-**rán**-do-se-lo **á**-bre-me-la | LLEVAN TILDE *SIEMPRE:* **án**-gu-lo mi-**cró**-fo-no **mús**-cu-lo | LLEVAN TILDE SI ACABAN EN *CONSONANTE* **distinta de** *«n» y «s»:* **ár**-bol, **có**-mic, **lá**-piz  **Nota:** También llevan tilde todas las palabras llanas acabadas en más de una consonante: *récord/récords/bíceps/cómics/tríceps.* | LLEVAN TILDE SI ACABAN EN *VOCAL, «N», «S»:* so-**fá** me-**lón** a-**nís** |

70

# Actividad 15: Tilde paso a paso

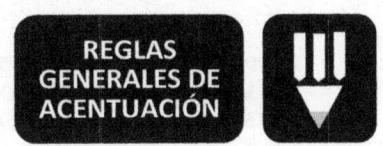

**Situación inicial**

Para llevar a cabo esta actividad, todos los alumnos dispondrán de su cuaderno de ortografía y de una copia del anexo 4, donde se representa, a partir de la figura del payaso Tildín, el proceso de la acentuación.

**Desarrollo**

a. El profesor dictará una palabra, elegida entre las propuestas en las tablas que se incluyen en las páginas 72-79.
b. Los alumnos la copiarán en sus cuadernos e irán aplicando sobre ella, por estricto orden, los cinco pasos de la acentuación.
c. Una vez finalizado el trabajo individual, se corregirá en grupo, razonando cada paso.

**NOTA:** Durante un tiempo, los alumnos podrán guiarse mediante la figura del payaso Tildín (pág. 142). Con la práctica, se retirará este apoyo. No es necesario escribir la palabra en cada paso (como se hace en las tablas que ofrecen las soluciones); basta con hacerlo una sola vez. Véase un ejemplo con la palabra «cambiáis».

| Paso 1<br>Identifica la vocal más sonora | Paso 2<br>¿Tilde directa en una vocal cerrada?<br>**NO**<br>Porque la vocal más sonora no es cerrada. |
|---|---|

↓

c a m|b i@i s

| Paso 3<br>Separa la palabra en sílabas:<br>**CAM-BIAIS** | Paso 4<br>Clasifica la palabra:<br>**AGUDA** | Paso 5<br>Aplica las reglas:<br>**CAMBIÁIS** |
|---|---|---|
| Las vocales (*iai*) no se pueden separar porque no hay dos vocales abiertas en contacto. Por lo tanto, pertenecen todas a la misma sílaba. | Porque la vocal de mayor duración y sonoridad está en la última sílaba: *cam-biais*. | Lleva tilde sobre la vocal más sonora por ser palabra aguda y acabar en *s*: *cam-biáis* |

En las siguientes páginas se ofrecen varios ejercicios resueltos para practicar la acentuación. **Es necesario seguir todos los pasos indicados y hacerlo en estricto orden.**

| | 1. IDENTIFICA LA VOCAL MÁS SONORA | 2. TILDE DIRECTA EN UNA VOCAL CERRADA | 3. SEPARA LA PALABRA EN SÍLABAS | 4. CLASIFICA LA PALABRA | 5. APLICA LAS REGLAS |
|---|---|---|---|---|---|
| 1 | barrac**o**n | no | ba-rra-c**o**n | ba-rra-**con** [A] | barracón |
| 2 | construir**í**ais | sí  construiríais | | | |
| 3 | dist**a**ncia | no | dis-t**a**n-cia | dis-**tan**-cia [LL] | distancia |
| 4 | empez**a**is | no | em-pe-z**a**is | em-pe-**zais** [A] | empezáis |
| 5 | evid**e**nte | no | e-vi-d**e**n-te | e-vi-**den**-te [LL] | evidente |
| 6 | f**e**rtil | no | f**e**r-til | **fer**-til [LL] | fértil |
| 7 | har**í**a | sí  haría | | | |
| 8 | hero**í**na | sí  heroína | | | |
| 9 | hi**e**rba | no | hi**e**r-ba | **hier**-ba [LL] | hierba |
| 10 | l**a**tex | no | l**a**-tex | **la**-tex [LL] | látex |
| 11 | multit**u**d | no | mul-ti-t**u**d | mul-ti-**tud** [A] | multitud |
| 12 | pa**í**s | sí  país | | | |
| 13 | Par**í**s | no | Pa-r**í**s | Pa-**rís** [A] | París |
| 14 | pon**í**as | sí  ponías | | | |
| 15 | pos**í**ble*mente* | no | po-s**í**-ble | po-**sí**-ble [LL] | posiblemente |
| 16 | ps**í**quico | no | ps**í**-qui-co | **psí**-qui-co [E] | psíquico |
| 17 | qu**í**mica | no | qu**í**-mi-ca | **quí**-mi-ca [E] | química |
| 18 | redacc**io**n | no | re-dac-ci**o**n | re-dac-**cion** [A] | redacción |
| 19 | vi**o** | no | vi**o** | [monolosílabo] | vio |
| 20 | r**í**tmica | no | r**í**t-mi-ca | **rít**-mi-ca [E] | rítmica |
| 21 | asoci**a**is | no | a-so-ci**a**is | a-so-**ciais** [A] | asociáis |
| 22 | atestig**ü**eis | no | a-tes-ti-g**ü**eis | a-tes-ti-**güeis** [A] | atestigüéis |
| 23 | coraz**o**n | no | co-ra-z**o**n | co-ra-**zon** [A] | corazón |
| 24 | crey**o** | no | cre-y**o** | cre-**yo** [A] | creyó |
| 25 | dar**í**ais | sí  daríais | | | |
| 26 | encontr**a**is | no | en-con-tr**a**is | en-con-**trais** [A] | encontráis |
| 27 | dib**u**jaselo | no | di-b**u**-ja-se-lo | di-**bu**-ja-se-lo [S] | dibújaselo |
| 28 | fer**o**z*mente* | no | fe-r**o**z | fe-**roz** [A] | ferozmente |
| 29 | humed**a**d | no | hu-me-d**a**d | hu-me-**dad** [A] | humedad |
| 30 | ilum**í**na | no | i-lu-m**í**-na | i-lu-**mí**-na [LL] | ilumina |
| 31 | insin**u**as | sí  insinúas | | | |
| 32 | le**í**do | sí  leído | | | |
| 33 | m**a**rtir | no | m**a**r-tir | **mar**-tir [LL] | mártir |
| 34 | mir**a**ban | no | mi-r**a**-ban | mi-**ra**-ban [LL] | miraban |

| | 1. IDENTIFICA LA VOCAL MÁS SONORA | 2. TILDE DIRECTA EN UNA VOCAL CERRADA | 3. SEPARA LA PALABRA EN SÍLABAS | 4. CLASIFICA LA PALABRA | 5. APLICA LAS REGLAS |
|---|---|---|---|---|---|
| 1 | asfixi*ei*s | no | as-fi-xi*ei*s | as-fi-*xiei*s [A] | asfixiéis |
| 2 | c*a*rcel | no | c*a*r-cel | c*a*r-cel [LL] | cárcel |
| 3 | c*a*rceles | no | c*a*r-ce-les | c*a*r-ce-les [E] | cárceles |
| 4 | pas*a*do | no | pa-s*a*-do | pa-s*a*-do [LL] | pasado |
| 5 | dir*i*ais | sí **diríais** | | | |
| 6 | n*i*quel | no | n*i*-quel | n*i*-quel [LL] | níquel |
| 7 | el*a*stica | no | e-l*a*s-ti-ca | e-*la*s-ti-ca [E] | elástica |
| 8 | en*o*rme | no | e-n*o*r-me | e-*no*r-me [LL] | enorme |
| 9 | *i*ndice | no | *i*n-di-ce | *i*n-di-ce [E] | índice |
| 10 | dorm*i*amos | sí **dormíamos** | | | |
| 11 | oraci*o*n | no | o-ra-ci*o*n | o-ra-*cio*n [A] | oración |
| 12 | deb*i*an | sí **debían** | | | |
| 13 | pensar*ei*s | no | pen-sa-r*ei*s | pen-sa-*rei*s [A] | pensaréis |
| 14 | di*a*ria | no | di*a*-ria | di*a*-ria [LL] | diaria |
| 15 | puntu*a* | sí **puntúa** | | | |
| 16 | r*a*pida*mente* | no | r*a*-pi-da | r*a*-pi-da [E] | rápidamente |
| 17 | fu*e* | no | fu*e* | [monolosílabo] | fue |
| 18 | termin*a*ron | no | ter-mi-n*a*-ron | ter-mi-*na*-ron [LL] | terminaron |
| 19 | d*e*jaselo | no | d*e*-ja-se-lo | *de*-ja-se-lo [S] | déjaselo |
| 20 | t*i*pico | no | t*i*-pi-co | t*i*-pi-co [E] | típico |
| 21 | cubri*o* | no | cu-bri*o* | cu-*brio* [A] | cubrió |
| 22 | podr*i*amos | sí **podríamos** | | | |
| 23 | disfrazar*ei*s | no | dis-fra-za-r*ei*s | dis-fra-za-*rei*s [A] | disfrazaréis |
| 24 | d*o*cil | no | d*o*-cil | d*o*-cil [LL] | dócil |
| 25 | porquer*i*a | sí **porquería** | | | |
| 26 | f*i*ja*mente* | no | f*i*-ja | f*i*-ja [LL] | fijamente |
| 27 | fl*o*res | no | fl*o*-res | *flo*-res [LL] | flores |
| 28 | grit*a*is | no | gri-t*a*is | gri-*tai*s [A] | gritáis |
| 29 | hero*i*smo | sí **heroísmo** | | | |
| 30 | igl*e*sia | no | i-gl*e*-sia | i-*gle*-sia [LL] | iglesia |
| 31 | l*a*ser | no | l*a*-ser | *la*-ser [LL] | láser |
| 32 | llev*a*ban | no | lle-v*a*-ban | lle-v*a*-ban [LL] | llevaban |
| 33 | melancol*i*a | sí **melancolía** | | | |
| 34 | empez*o* | no | em-pe-z*o* | em-pe-*zo* [A] | empezó |

| | 1. IDENTIFICA LA VOCAL MÁS SONORA | 2. TILDE DIRECTA EN UNA VOCAL CERRADA | 3. SEPARA LA PALABRA EN SÍLABAS | 4. CLASIFICA LA PALABRA | 5. APLICA LAS REGLAS |
|---|---|---|---|---|---|
| 1 | abri*e*ndose | no | a-bri*e*n-do-se | a-***brien***-do-se [E] | **abriéndose** |
| 2 | truh*a*n | no | truh*a*n | [monosílabo] | **truhan** |
| 3 | abri*e*ron | no | a-bri*e*-ron | a-***brie***-ron [LL] | **abrieron** |
| 4 | ab*u*nda | no | a-b*u*n-da | a-***bun***-da [LL] | **abunda** |
| 5 | acarici*e*is | no | a-ca-ri-ci*e*is | a-ca-ri-***cieis*** [A] | **acariciéis** |
| 6 | acent*u*an | sí    **acentúan** | | | |
| 7 | am*a*ble*mente* | no | a-m*a*-ble | a-***ma***-ble [LL] | **amablemente** |
| 8 | arc*a*ngel | no | ar-c*a*n-gel | ar-***can***-gel [LL] | **arcángel** |
| 9 | eliminar*í*a | sí    **eliminaría** | | | |
| 10 | est*a*n | no | es-t*a*n | es-***tan*** [A] | **están** |
| 11 | h*a*bil*mente* | no | h*a*-bil | ***ha***-bil [LL] | **hábilmente** |
| 12 | incl*u*so | no | in-cl*u*-so | in-***clu***-so [LL] | **incluso** |
| 13 | ir*e* | no | i-r*e* | i-***re*** [A] | **iré** |
| 14 | llev*a*bamos | no | lle-v*a*-ba-mos | lle-***va***-ba-mos [E] | **llevábamos** |
| 15 | ll*e*vatelo | no | ll*e*-va-te-lo | ***lle***-va-te-lo [S] | **llévatelo** |
| 16 | notar*í*amos | sí    **notaríamos** | | | |
| 17 | ojal*a* | no | o-ja-l*a* | o-ja-***la*** [A] | **ojalá** |
| 18 | pequ*e*ño | no | pe-qu*e*-ño | pe-***que***-ño [LL] | **pequeño** |
| 19 | prohibi*e*ndo | no | prohi-bi*e*n-do | prohi-***bien***-do [LL] | **prohibiendo** |
| 20 | recibir*í*ais | sí    **recibiríais** | | | |
| 21 | acentu*a*is | no | a-cen-tu*a*is | a-cen-***tuais*** [A] | **acentuáis** |
| 22 | abr*o*chas | no | a-br*o*-chas | a-***bro***-chas [LL] | **abrochas** |
| 23 | acamp*a*ron | no | a-cam-p*a*-ron | a-cam-***pa***-ron [LL] | **acamparon** |
| 24 | re*u*nen | sí    **reúnen** | | | |
| 25 | *a*gil*mente* | no | *a*-gil | ***a***-gil [LL] | **ágilmente** |
| 26 | agotar*í*a | sí    **agotaría** | | | |
| 27 | anteri*o*r | no | an-te-ri*o*r | an-te-***rior*** [A] | **anterior** |
| 28 | apreciar*í*ais | sí    **apreciaríais** | | | |
| 29 | c*a*ncer | no | c*a*n-cer | ***can***-cer [LL] | **cáncer** |
| 30 | celebr*a*ron | no | ce-le-br*a*-ron | ce-le-***bra***-ron [LL] | **celebraron** |
| 31 | com*e*rnoslo | no | co-m*e*r-nos-lo | co-***mer***-nos-lo [E] | **comérnoslo** |
| 32 | encantar*í*a | sí    **encantaría** | | | |
| 33 | enseñ*a*is | no | en-se-ñ*a*is | en-se-***ñais*** [A] | **enseñáis** |
| 34 | a*e*reo | no | a-*e*-re-o | a-***e***-re-o [E] | **aéreo** |

| | 1. IDENTIFICA LA VOCAL MÁS SONORA | 2. TILDE DIRECTA EN UNA VOCAL CERRADA | 3. SEPARA LA PALABRA EN SÍLABAS | 4. CLASIFICA LA PALABRA | 5. APLICA LAS REGLAS |
|---|---|---|---|---|---|
| 1 | est*o*mago | no | es-t*o*-ma-go | es-*to*-ma-go [E] | **estómago** |
| 2 | pi*a*no | no | pi*a*-no | *pia*-no [LL] | **piano** |
| 3 | desper*e* | no | des-per-t*e* | des-per-*te* [A] | **desperté** |
| 4 | entusi*a*smo | no | en-tu-si*a*s-mo | en-tu-*sias*-mo [LL] | **entusiasmo** |
| 5 | escalofr*í*o | sí  **escalofrío** | | | |
| 6 | esp*í*ritu | no | es-p*í*-ri-tu | es-*pí*-ri-tu [E] | **espíritu** |
| 7 | est*e*s | no | es-t*e*s | es-*tes* [A] | **estés** |
| 8 | dejar*í*ais | sí  **dejaríais** | | | |
| 9 | hist*o*rica | no | his-t*o*-ri-ca | his-*to*-ri-ca [E] | **histórica** |
| 10 | c*o*geselo | no | c*o*-ge-se-lo | *co*-ge-se-lo [S] | **cógeselo** |
| 11 | o*í*mos | sí  **oímos** | | | |
| 12 | adi*o*s | no | a-di*o*s | a-*dios* [A] | **adiós** |
| 13 | *a*giles | no | *a*-gi-les | *a*-gi-les [E] | **ágiles** |
| 14 | agobi*a*nte | no | a-go-bi*a*n-te | a-go-*bian*-te [LL] | **agobiante** |
| 15 | ast*u*ta*mente* | no | as-t*u*-ta | as-*tu*-ta [LL] | **astutamente** |
| 16 | aumentar*í*a | sí  **aumentaría** | | | |
| 17 | aut*e*ntica | no | au-t*e*n-ti-ca | au-*ten*-ti-ca [E] | **auténtica** |
| 18 | celebraci*o*n | no | ce-le-bra-ci*o*n | ce-le-bra-*cion* [A] | **celebración** |
| 19 | c*o*n | no | con | [monolosílabo] | **con** |
| 20 | C*o*rdoba | no | C*o*r-do-ba | *Cor*-do-ba [E] | **Córdoba** |
| 21 | ego*í*smo | sí  **egoísmo** | | | |
| 22 | adeud*a*is | no | a-deu-d*a*is | a-deu-*dais* [A] | **adeudáis** |
| 23 | *a*lguien | no | *a*l-guien | *al*-guien [LL] | **alguien** |
| 24 | alt*í*simo | no | al-t*í*-si-mo | al-*tí*-si-mo [E] | **altísimo** |
| 25 | ayudar*í*a | sí  **ayudaría** | | | |
| 26 | d*e*bil | no | d*e*-bil | *de*-bil [LL] | **débil** |
| 27 | caluro*o*sa | no | ca-lu-r*o*-sa | ca-lu-*ro*-sa [LL] | **calurosa** |
| 28 | celebr*a*ron | no | ce-le-br*a*-ron | ce-le-*bra*-ron [LL] | **celebraron** |
| 29 | cl*í*nica*mente* | no | cl*í*-ni-ca | *clí*-ni-ca [E] | **clínicamente** |
| 30 | c*ú*spide | no | c*ú*s-pi-de | *cús*-pi-de [E] | **cúspide** |
| 31 | ba*ú*l | sí  **baúl** | | | |
| 32 | dejar*e*is | no | de-ja-r*e*is | de-ja-*reis* [A] | **dejaréis** |
| 33 | despu*e*s | no | des-pu*e*s | des-*pues* [A] | **después** |
| 34 | divi*e*rte | no | di-vi*e*r-te | di-*vier*-te [LL] | **divierte** |

| | 1. IDENTIFICA LA VOCAL MÁS SONORA | 2. TILDE DIRECTA EN UNA VOCAL CERRADA | 3. SEPARA LA PALABRA EN SÍLABAS | 4. CLASIFICA LA PALABRA | 5. APLICA LAS REGLAS |
|---|---|---|---|---|---|
| 1 | cambi*ai*s | no | cam-bi*ai*s | cam-*biai*s [A] | cambiáis |
| 2 | l*i*bro | no | l*i*-bro | l*i*-bro [LL] | libro |
| 3 | conducir*i*ais | sí  **conduciríais** | | | |
| 4 | corr*ai*s | no | co-rr*ai*s | co-*rrai*s [A] | corráis |
| 5 | cenar*i*a | sí  **cenaría** | | | |
| 6 | est*a*is | no | es-t*ai*s | es-*tai*s [A] | estáis |
| 7 | est*e*ril | no | es-t*e*-ril | es-*te*-ril [LL] | estéril |
| 8 | est*i*o | sí  **estío** | | | |
| 9 | fin*a*lmente | no | fi-n*a*l | fi-*nal* [A] | finalmente |
| 10 | grad*u*as | sí  **gradúas** | | | |
| 11 | har*e*is | no | ha-r*e*is | ha-*rei*s [A] | haréis |
| 12 | ilusi*o*n | no | i-lu-si*o*n | i-lu-*sion* [A] | ilusión |
| 13 | lejan*i*a | sí  **lejanía** | | | |
| 14 | d*a*ndoselos | no | d*a*n-do-se-los | d*a*n-do-se-los [S] | dándoselos |
| 15 | obst*a*culos | no | obs-t*a*-cu-los | obs-*ta*-cu-los [E] | obstáculos |
| 16 | m*i*o | sí  **mío** | | | |
| 17 | perfecci*o*n | no | per-fec-ci*o*n | per-fec-*cion* [A] | perfección |
| 18 | quedar*i*a | sí  **quedaría** | | | |
| 19 | sali*e*ron | no | sa-li*e*-ron | sa-*lie*-ron [LL] | salieron |
| 20 | sirvi*o* | no | sir-vi*o* | sir-*vio* [A] | sirvió |
| 21 | s*o*tanos | no | s*o*-ta-nos | s*o*-ta-nos [E] | sótanos |
| 22 | acost*u*mbra | no | a-cos-t*u*m-bra | a-cos-*tum*-bra [LL] | acostumbra |
| 23 | *a*gua | no | *a*-gua | *a*-gua [LL] | agua |
| 24 | ah*o*ra | no | a-h*o*-ra | a-*ho*-ra [LL] | ahora |
| 25 | apareci*o* | no | a-pa-re-ci*o* | a-pa-re-*cio* [A] | apareció |
| 26 | bajar*i*a | sí  **bajaría** | | | |
| 27 | pac*i*fica | no | pa-c*i*-fi-ca | pa-*ci*-fi-ca [E] | pacífica |
| 28 | capic*u*a | sí  **capicúa** | | | |
| 29 | Crist*o*bal | no | Cris-t*o*-bal | Cris-*to*-bal [LL] | Cristóbal |
| 30 | com*e*is | no | co-m*e*is | co-*mei*s [A] | coméis |
| 31 | conduc*i*ais | sí  **conducíais** | | | |
| 32 | c*u*tre | no | c*u*-tre | c*u*-tre [LL] | cutre |
| 33 | doli*o* | no | do-li*o* | do-*lio* [A] | dolió |
| 34 | esqu*i* | no | es-qu*i* | es-*qui* [A] | esquí |

| | 1. IDENTIFICA LA VOCAL MÁS SONORA | 2. TILDE DIRECTA EN UNA VOCAL CERRADA | 3. SEPARA LA PALABRA EN SÍLABAS | 4. CLASIFICA LA PALABRA | 5. APLICA LAS REGLAS |
|---|---|---|---|---|---|
| 1 | form*a*is | no | for-m*a*is | for-*ma*is [A] | **formáis** |
| 2 | fl*o*r | no | fl*o*r | [monolosílabo] | **flor** |
| 3 | ileg*a*l*mente* | no | i-le-g*a*l | i-le-*ga*l [A] | **ilegalmente** |
| 4 | pudi*e*ramos | no | pu-di*e*-ra-mos | pu-*die*-ra-mos [E] | **pudiéramos** |
| 5 | r*í*tmica*mente* | no | r*i*t-mi-ca | *ri*t-mi-ca [E] | **rítmicamente** |
| 6 | santig*ü*eis | no | san-ti-g*ü*eis | san-ti-*güe*is [A] | **santigüéis** |
| 7 | m*í*a | sí  **mía** | | | |
| 8 | *a*mbar | no | *a*m-bar | *a*m-bar [LL] | **ámbar** |
| 9 | avanzar*e*is | no | a-van-za-r*e*is | a-van-za-*re*is [A] | **avanzaréis** |
| 10 | cab*í*ais | sí  **cabíais** | | | |
| 11 | confi*a*is | no | con-fi*a*is | con-*fia*is [A] | **confiáis** |
| 12 | conoc*í*a | sí  **conocía** | | | |
| 13 | contam*i*na | no | con-ta-m*i*-na | con-ta-*mi*-na [LL] | **contamina** |
| 14 | cr*a*ter | no | cr*a*-ter | *cra*-ter [LL] | **cráter** |
| 15 | dar*e* | no | da-r*e* | da-*re* [A] | **daré** |
| 16 | deber*a* | no | de-be-r*a* | de-be-*ra* [A] | **deberá** |
| 17 | haci*e*ndo | no | ha-ci*e*n-do | ha-*cien*-do [LL] | **haciendo** |
| 18 | entrar*e*is | no | en-tra-r*e*is | en-tra-*re*is [A] | **entraréis** |
| 19 | sum*a*is | no | su-m*a*is | su-*ma*is [A] | **sumáis** |
| 20 | andar*í*ais | sí  **andaríais** | | | |
| 21 | g*u*stan | no | g*u*s-tan | *gu*s-tan [LL] | **gustan** |
| 22 | hip*o*crita | no | hi-p*o*-cri-ta | hi-*po*-cri-ta [E] | **hipócrita** |
| 23 | instalaci*o*n | no | ins-ta-la-ci*o*n | ins-ta-la-*cio*n [A] | **instalación** |
| 24 | capitan*í*a | sí  **capitanía** | | | |
| 25 | lleg*a*ron | no | lle-g*a*-ron | lle-*ga*-ron [LL] | **llegaron** |
| 26 | pag*a*bamos | no | pa-g*a*-ba-mos | pa-*ga*-ba-mos [E] | **pagábamos** |
| 27 | tendr*í*an | sí  **tendrían** | | | |
| 28 | fi*e*sta | no | fi*e*s-ta | *fie*s-ta [LL] | **fiesta** |
| 29 | ca*í*do | sí  **caído** | | | |
| 30 | l*e*nta*mente* | no | l*e*n-ta | *le*n-ta [LL] | **lentamente** |
| 31 | cat*o*lica | no | ca-t*o*-li-ca | ca-*to*-li-ca [E] | **católica** |
| 32 | confi*e*is | no | con-fi*e*is | con-*fie*is [A] | **confiéis** |
| 33 | cre*í*a | sí  **creía** | | | |
| 34 | el*e*ctrica | no | e-l*e*c-tri-ca | e-*le*c-tri-ca [E] | **eléctrica** |

| | 1. IDENTIFICA LA VOCAL MÁS SONORA | 2. TILDE DIRECTA EN UNA VOCAL CERRADA | 3. SEPARA LA PALABRA EN SÍLABAS | 4. CLASIFICA LA PALABRA | 5. APLICA LAS REGLAS |
|---|---|---|---|---|---|
| 1 | cl*i*nica | no | cl*i*-ni-ca | *cli*-ni-ca [E] | clínica |
| 2 | guit*a*rra | no | gui-t*a*-rra | gui-t*a*-rra [LL] | guitarra |
| 3 | c*u*spide | no | c*u*s-pi-de | *cus*-pi-de [E] | cúspide |
| 4 | debilid*a*d | no | de-bi-li-d*a*d | de-bi-li-*dad* [A] | debilidad |
| 5 | f*a*cil | no | f*a*-cil | *fa*-cil [LL] | fácil |
| 6 | jarr*o*n | no | ja-rr*o*n | ja-*rron* [A] | jarrón |
| 7 | Sa*u*l | sí    Saúl | | | |
| 8 | c*o*moda*mente* | no | c*o*-mo-da | *co*-mo-da [E] | cómodamente |
| 9 | concr*e*ta*mente* | no | con-cr*e*-ta | con-*cre*-ta [LL] | concretamente |
| 10 | proteg*í*ais | sí    protegíais | | | |
| 11 | excursi*o*n | no | ex-cur-si*o*n | ex-cur-*sion* [A] | excursión |
| 12 | ca*í*da | sí    caída | | | |
| 13 | champ*a*n | no | cham-p*a*n | cham-*pan* [A] | champán |
| 14 | conj*u*nta | no | con-j*u*n-ta | con-*jun*-ta [LL] | conjunta |
| 15 | constr*u*yen | no | cons-tru-yen | cons-*tru*-yen [LL] | construyen |
| 16 | d*e*biles | no | d*e*-bi-les | *de*-bi-les [E] | débiles |
| 17 | t*i*raselo | no | t*i*-ra-se-lo | *ti*-ra-se-lo [S] | tíraselo |
| 18 | destac*a*is | no | des-ta-c*a*is | des-ta-*cais* [A] | destacáis |
| 19 | dieci*e*s | no | die-ci-s*e*is | die-ci-*seis* [A] | dieciséis |
| 20 | sacar*í*ais | sí    sacaríais | | | |
| 21 | contr*a*ria | no | con-tr*a*-ria | con-*tra*-ria [LL] | contraria |
| 22 | corr*e*cta | no | co-rr*e*c-ta | co-*rrec*-ta [LL] | correcta |
| 23 | d*e*cada | no | d*e*-ca-da | *de*-ca-da [E] | década |
| 24 | cantar*í*an | sí    cantarían | | | |
| 25 | alivi*a*is | no | a-li-vi*a*is | a-li-*viais* [A] | aliviáis |
| 26 | ant*i*gua | no | an-t*i*-gua | an-*ti*-gua [LL] | antigua |
| 27 | amar*í*ais | sí    amaríais | | | |
| 28 | m*u*ltiple | no | m*u*l-ti-ple | *mul*-ti-ple [E] | múltiple |
| 29 | re*i*r | sí    reír | | | |
| 30 | comenz*a*is | no | co-men-z*a*is | co-men-*zais* [A] | comenzáis |
| 31 | des*e*rtico | no | de-s*e*r-ti-co | de-*ser*-ti-co [E] | desértico |
| 32 | destr*u*yen | no | des-tr*u*-yen | des-*tru*-yen [LL] | destruyen |
| 33 | fre*i*r | sí    freír | | | |
| 34 | jin*e*tes | no | ji-n*e*-tes | ji-*ne*-tes [LL] | jinetes |

| | 1. IDENTIFICA LA VOCAL MÁS SONORA | 2. TILDE DIRECTA EN UNA VOCAL CERRADA | 3. SEPARA LA PALABRA EN SÍLABAS | 4. CLASIFICA LA PALABRA | 5. APLICA LAS REGLAS |
|---|---|---|---|---|---|
| 1 | cont*a*ndole | no | con-t*a*n-do-le | con-t*a*n-do-le [E] | contándole |
| 2 | pap*e*l | no | pa-p*e*l | pa-*pe*l [A] | papel |
| 3 | cumpli*o* | no | cum-pli*o* | cum-*plio* [A] | cumplió |
| 4 | dejar*e* | no | de-ja-r*e* | de-ja-*re* [A] | dejaré |
| 5 | mostrar*e*is | no | mos-tra-r*e*is | mos-tra-*reis* [A] | mostraréis |
| 6 | demostr*o* | no | de-mos-tr*o* | de-mos-*tro* [A] | demostró |
| 7 | acertar*í*ais | sí    acertaríais | | | |
| 8 | empec*e* | no | em-pe-c*e* | em-pe-*ce* [A] | empecé |
| 9 | encogi*o* | no | en-co-gi*o* | en-co-*gio* [A] | encogió |
| 10 | d*í*a | sí    día | | | |
| 11 | espi*a*is | no | es-pi*a*is | es-*piais* [A] | espiáis |
| 12 | ah*í* | sí    ahí | | | |
| 13 | explic*a*rlo | no | ex-pli-c*a*r-lo | ex-pli-*car*-lo [LL] | explicarlo |
| 14 | hi*e*rro | no | hi*e*-rro | *hie*-rro [LL] | hierro |
| 15 | l*i*bre*mente* | no | l*i*-bre | *li*-bre [LL] | libremente |
| 16 | at*a*ba | no | a-t*a*-ba | a-*ta*-ba [LL] | ataba |
| 17 | mej*o*res | no | me-j*o*-res | me-*jo*-res [LL] | mejores |
| 18 | teni*e*ndola | no | te-ni*e*n-do-la | te-*nie*n-do-la [E] | teniéndola |
| 19 | acomp*a*ña | no | a-com-p*a*-ña | a-com-*pa*-ña [LL] | acompaña |
| 20 | Eloi*i*sa | sí    Eloísa | | | |
| 21 | acu*e*rdate | no | a-cu*e*r-da-te | a-*cue*r-da-te [E] | acuérdate |
| 22 | ap*o*stol | no | a-p*o*s-tol | a-*pos*-tol [LL] | apóstol |
| 23 | autoc*a*r | no | au-to-c*a*r | au-to-*car* [A] | autocar |
| 24 | adquir*í*ais | sí    adquiríais | | | |
| 25 | c*o*ndor | no | c*o*n-dor | *co*n-dor [LL] | cóndor |
| 26 | d*a*ndole | no | d*a*n-do-le | *da*n-do-le [E] | dándole |
| 27 | d*u*o | sí    dúo | | | |
| 28 | decidi*o* | no | de-ci-di*o* | de-ci-*dio* [A] | decidió |
| 29 | pintar*í*ais | sí    pintaríais | | | |
| 30 | dem*a*s | no | de-m*a*s | de-*mas* [A] | demás |
| 31 | d*i*je | no | d*i*-je | *di*-je [LL] | dije |
| 32 | cos*e*is | no | co-s*e*is | co-*seis* [A] | coséis |
| 33 | p*í*a | sí    pía | | | |
| 34 | facil*í*simo | no | fa-ci-l*i*-si-mo | fa-ci-*li*-si-mo [E] | facilísimo |

# TILDE DIACRÍTICA

La tilde diacrítica es el signo utilizado para diferenciar dos palabras idénticas, una de pronunciación tónica y otra de pronunciación átona. Esta tilde no se aplica a todas las palabras que se escriben igual y tienen significados diferentes; se utiliza únicamente con los interrogativos, exclamativos y con algunos monosílabos.

En realidad, las palabras que llevan tilde diacrítica no deberían llevarla según las reglas generales de acentuación; la tilde se coloca, de manera excepcional, para advertir al lector de que se trata de una pronunciación tónica y no átona.

**¿Cómo se enseña la tilde diacrítica?** No se han programado actividades específicas para la enseñanza de la tilde diacrítica. El profesor explicará este contenido cuando, en cualquier contexto, aparezcan acentuados los interrogativos o exclamativos (*qué, cuál, quién, cómo, cuánto, cómo y dónde o adónde y sus femeninos y plurales*) o los monosílabos (*sí, sé, té, más, dé, tú, mí, él*).

## TILDE DIACRÍTICA EN INTERROGATIVOS Y EXCLAMATIVOS

**Los interrogativos y exclamativos llevan tilde:**

**— Cuando se utilizan de forma directa (con signos de interrogación o exclamación):** *¿Qué queréis?; ¿Cómo te llamas?; ¿Dónde estás?; ¡Qué bien!; ¡Cuánto me alegro!*

Sin embargo, no siempre que los interrogativos y exclamativos van entre signos llevan tilde: *¿Que no conoces al famoso médico Maximino González?* La pregunta, pronunciando el «que» de forma átona, muestra la extrañeza del hablante ante el hecho de que su interlocutor no conozca a tan afamado doctor. En cambio, llevará tilde el interrogativo o el exclamativo cuando se entonan con una mayor intensidad de voz: *¿Qué sabes del célebre médico Maximino González?*

**— Cuando se utilizan de forma indirecta (sin signos de interrogación o exclamación):** *No sé **quién** te lo ha dicho; No recuerdo **dónde** he estado.* Al no llevar signos, puede resultar confuso para algunos alumnos saber si los interrogativos o exclamativos han de tener tilde. No obstante, un par de trucos resolverán las dudas:

○ Llevarán tilde estas palabras si, al pronunciarlas, se hace con una entonación más marcada: *No sé **quién** te lo ha dicho.*
○ Llevarán tilde si, después de pronunciar el interrogativo o el exclamativo, se puede añadir mentalmente la palabra ¡diablos! (antes se decía ¡c...!) y la expresión resulta coherente: *No sé **cuándo** (diablos = c...) llegarán.*

# TILDE DIACRÍTICA EN MONOSÍLABOS

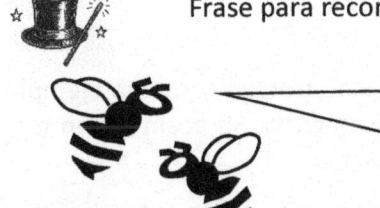

Frase para recordar los ocho casos de tilde diacrítica en monosílabos:

Sí sé temas de tu miel
1  2  3  4  5  6  7  8

---

**1 «SÍ» LLEVA TILDE**

- Cuando sustituye a un nombre, generalmente de persona. Puede presentarse con expresiones como «para sí» o «a sí mismo»:
*Ana quiere todo para sí.*
- Cuando se utiliza para afirmar algo:
*Juanita me dijo que sí.*

**«SI» NO LLEVA TILDE**

- Cuando introduce una condición:
*Si me dejas jugar, te invito.*
- Cuando se refiere a una nota musical:
*Sonó la nota si en el piano.*

**6 «TÚ» LLEVA TILDE**

- Cuando se refiere a la persona con la que se habla:
*Elisa, tú eres mi amiga.*

**«TU» NO LLEVA TILDE**

- Cuando acompaña a un nombre para mostrar posesión:
*Tu falda es roja.*

---

**2 «SÉ» LLEVA TILDE**

- Cuando se refiere a «saber»:
*Sé la lección.*
- Cuando se refiere a «ser»:
*Sé obediente.*

**«SE» NO LLEVA TILDE**

En todos los demás casos:
*Mi hijo se cayó por la escalera.*

**4 «MÁS» LLEVA TILDE**

- Cuando indica cantidad:
*Quiero más regalos.*
- Cuando es signo matemático:
*Puso un signo más en la suma.*

**«MÁS» NO LLEVA TILDE**

- Cuando se puede sustituir por «pero»:
*Me gusta, mas no puedo comerlo.*

**7 «MÍ» LLEVA TILDE**

- Cuando está sustituyendo a un nombre, generalmente a una persona:
*Soy Carlos y a mí me gusta Irene.*

**«MI» NO LLEVA TILDE**

- Cuando acompaña a un nombre para indicar posesión:
*Mi gato come sardinas.*
- Cuando es una nota musical:
*Toca la nota mi.*

---

**3 «TÉ» LLEVA TILDE**

- Cuando se refiere a una bebida o a una planta:
*Tomo un té.*
En plural lleva tilde (*tés*).

**«TE» NO LLEVA TILDE**

- En todos los demás casos:
*No te dejaré mi boli para hacer la letra te.*

**5 «DÉ» LLEVA TILDE**

- Cuando se refiere al verbo «dar»:
*Quiero que le dé mi regalo.*

**«DE» NO LLEVA TILDE**

- En todos los demás casos:
*Antes de la eme va una de.*

**8 «ÉL» LLEVA TILDE**

- Cuando se refiere a la persona, animal o cosa de la que se habla:
*Él nunca discute conmigo.*

**«EL» NO LLEVA TILDE**

- Cuando es artículo y acompaña a un nombre:
*Coge el teléfono y llámala.*

# TILDE EN AÚN/AUN Y TILDES DESAPARECIDAS

## AÚN/AUN

En cuanto al adverbio aún/aun, aunque hasta ahora haya sido tratado como un ejemplo de tilde diacrítica, no debe considerarse dentro de esta categoría. Su acentuación responde con toda exactitud a las reglas generales de acentuación.

● **Aún** es una palabra tónica cuya vocal más sonora es, en este caso, una vocal cerrada (*u*) que está en contacto con una vocal abierta (*a*); por lo tanto, debe llevar tilde directamente.

Se dice que aún lleva tilde cuando puede sustituirse por «todavía»: *La manzana aún (= todavía) está verde.*

● **Aun**, en cambio, es una palabra átona y monosílaba y, por esta razón, no puede llevar tilde.

Aun no lleva tilde cuando puede sustituirse por «hasta», «también» o «incluso»: *Aun (= incluso) los niños deberían ver el espectáculo.*

## TILDES DESAPARECIDAS

Hasta hace unos pocos años, las palabras que se señalan a continuación podían llevar tilde en algunos casos. A partir de la publicación de la *Ortografía de la lengua española* —diciembre de 2010—, la Real Academia autoriza a no colocarles nunca la tilde. Es más, la propia Academia no las tilda. Véase aquí, deshojado, el árbol de las tildes.

**este,**
**ese, aquel;**
**esta, esa, aquella;**
**estos, esos, aquellos;**
**estas, esas, aquellas;**
*letra «o» entre números;*
**solo**

¡Fuera tildes!

# REGLAS ESPECIALES

Se presentan en este apartado algunas normas especiales sobre la acentuación. Cada una de ellas está encabezada por una palabra que sirve de ejemplo. Si se leen seguidos los ejemplos de cada regla, se forma una frase que facilita el recuerdo de su uso: *Óscar vio en una página los récords del baloncesto ruso-francés.*

**¿Cómo se enseñan las reglas especiales de acentuación?** No se han incluido actividades específicas para trabajar estas reglas; no obstante, el profesor las explicará cuando, en cualquier texto escrito, surja alguno de estos casos.

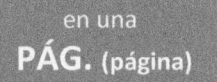

**ÓSCAR**

### 1. MAYÚSCULAS
En las letras mayúsculas se pone tilde, igual que en las minúsculas, cuando lo exijan las normas de acentuación: *Óscar.*

**VIO**

### 2. MONOSÍLABOS
Las palabras que, por aplicación de las normas generales de división silábica, resulten monosílabas deben escribirse sin tilde: *vio, fue...* Quedan excluidas de esta regla las palabras con tilde diacrítica (*sí, sé, té, más, dé, tú, mí, él*).

en una
**PÁG.** (página)

### 3. ABREVIATURAS
Las abreviaturas mantienen la tilde si en la propia abreviatura se encuentra la vocal acentuada: *página (pág.).*

los **RÉCORDS**

### 4. PALABRAS ACABADAS EN MÁS DE UNA CONSONANTE
Las palabras que terminan en más de una consonante llevan tilde si son llanas: *bíceps, récords, médiums...* Las palabras agudas no llevan tilde cuando terminan en más de una consonante, aunque acaben en *s*: *mamuts, zigzags...*

del
**BALONCES**TO

### 5. PALABRAS COMPUESTAS SIN GUION
Las palabras compuestas sin guion se leen como una sola palabra y siguen las normas generales: *balon*cesto (*llana*).

**RUSO-FRANCÉS**

### 6. PALABRAS COMPUESTAS CON GUION
En las palabras compuestas con guion, cada uno de los elementos conservará la acentuación que le corresponda: *ruso-francés.*

Otra frase para recordar más normas especiales de la acentuación: *Ahora estoy cómodamente en este «camping»; usté estese ahííí.*

**AHORA**

### 7. LETRA H
La *h* intercalada no influye en la división de la palabra en sílabas ni en ninguna norma de acentuación. Se ha de proceder siempre como si no estuviera: *a-ho-ra*.

**ESTOY**

### 8. VOCAL +Y
Las palabras castellanas terminadas en vocal y seguidas de *y*, aunque son escasas, se dividirán en sílabas, tratando la *y* como *i*, por identificación sonora. Sin embargo, a efectos de colocación de la tilde, la *y* se considerará consonante: *es-toy*.

**CÓMODAMENTE**

### 9. ADVERBIOS ACABADOS EN -mente
Los adverbios acabados en *-mente* llevarán tilde si la lleva el adjetivo del que proceden: *cómodamente/cómoda*.

**en ESTE**

### 10. PALABRAS QUE HAN PERDIDO LA TILDE
No es necesario tildar en ningún caso (aunque en una época pasada fuera obligatorio o recomendable) las palabras siguientes: *este, ese, aquel; esta, esa, aquella; estos, esos, aquellos; estas, esas, aquellas; solo,* y la letra *o* entre números.

**CAMPING**

### 11. PALABRAS QUE PROCEDEN DE OTRAS LENGUAS
En las palabras procedentes de otras lenguas y no adaptadas al castellano, no se colocará nunca tilde si no la llevan en el idioma del cual proceden: *camping (vocablo inglés).*

**USTÉ**

### 12. GRAFÍAS ADAPTADAS A LA PRONUNCIACIÓN
Estas grafías siguen las normas generales de acentuación: *usté...*

**ESTESE**

### 13. VERBO + PRONOMBRE
Los verbos con pronombres pospuestos llevarán tilde únicamente si la precisan por aplicación de las reglas generales de acentuación: *estese.* ¡Ojo! Hoy no es válido *estése.*

### 14. VOCALES REPETIDAS
Si, por razones expresivas, se repite una vocal, se colocará tilde en todas las vocales repetidas si las reglas de acentuación así lo exigen: *ahííí.*

**NOTA:** Como curiosidad, se informa de que, excepcionalmente, la RAE permite tildar la consonante y (= /i/) en casos como *Aýna* (pueblo de Albacete) o *Laýna* (apellido).

# ORTOGRAFÍA DE LA PUNTUACIÓN

**PUNTUACIÓN EN LA EDUCACIÓN PRIMARIA: metodología [86-87]**

**NIVEL 1**
- Punto [88-89]
- Coma en las enumeraciones [90-91]
- Signos de interrogación y exclamación [92-93]

**NIVEL 2**
- Coma con información secundaria [94-96]
- La raya en los diálogos [97-99]
- Coma o punto y coma con *pero, aunque...* [100-101]

**NIVEL 3**
- Guion al final de línea [102-103]
- Dos puntos [104-106]
- Puntos suspensivos [107-109]

**OTRAS NORMAS DE PUNTUACIÓN (solo profesorado) [110-126]**

# PUNTUACIÓN EN PRIMARIA: METODOLOGÍA

Sobre la importancia de la puntuación, basta con mostrar a los alumnos estas frases: *El maestro dijo: «Ese niño es un ignorante»; El maestro —dijo ese niño— es un ignorante.* Aunque las palabras son las mismas en ambos enunciados, enseguida se darán cuenta de cómo cambia la ignorancia de domicilio dependiendo de la forma de puntuar.

En este apartado se exponen las normas de puntuación propuestas para la Educación Primaria. La metodología didáctica empleada para su enseñanza parte de la representación gestual de los signos (implicar al propio cuerpo refuerza la adquisición de cualquier contenido) y termina con el aprendizaje por imitación de un modelo. A continuación se describen los gestos que acompañarán a cada signo:

| PUNTO | COMA | PUNTO Y COMA |
|:---:|:---:|:---:|
|  |  |  |
| Puñetazo en la mesa | Una palmada | Puñetazo en la palma |
| **DOS PUNTOS** | **PUNTOS SUSPENSIVOS** | **RAYA EN LOS DIÁLOGOS** |
|  |  | 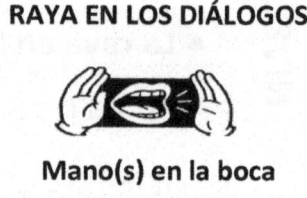 |
| Dos palmadas | Tres palmadas | Mano(s) en la boca |
| **INTERROGACIÓN** | **EXCLAMACIÓN** | **GUION FINAL DE LÍNEA** |
|  |  |  |
| Dedo(s) arriba | Manos levantadas | Mano cortando |

**¿Cómo se enseña la puntuación?** Para enseñar el uso de los signos de puntuación, se seguirán estos pasos (escuchar - representar - escribir - corregir - inventar), independientemente del signo que se estudie. Ahora bien, aunque la mayoría de las veces se realizará el proceso completo, que incluye los cinco pasos citados, en ocasiones también se podrá realizar alguna actividad solo de forma oral y gestual. En este caso, bastará con ejecutar solo los pasos 1 y 2.

Sea el proceso completo o el simplificado, el profesor deberá explicar siempre, antes de realizar las actividades, la normativa teórica propuesta para cada signo.

Véanse, pues, los 5 pasos de la ortografía de la puntuación.

| **1** ESCUCHA  | El profesor leerá en voz alta uno de los ejemplos que acompañan al signo de puntuación cuyo uso se desee enseñar. |
| --- | --- |
| **2** REPRESENTA  | Los alumnos repetirán en voz alta, a la vez, el ejemplo leído por el profesor, haciendo al mismo tiempo el gesto del signo solicitado. Muy importante: únicamente se representará con gestos el signo que sea objeto de estudio en esa actividad. Excepcionalmente, el profesor podrá ordenar la representación gestual de todos los signos de un enunciado, pero solo al repasar contenidos en cursos avanzados. |
| **3** ESCRIBE  | Una vez finalizada la representación, los alumnos copiarán y puntuarán en sus cuadernos el ejemplo representado. |
| **4** CORRIGE  | El profesor comunicará al grupo la puntuación correcta del ejemplo estudiado; los alumnos, siguiendo las instrucciones dadas, corregirán sus propios escritos. Durante la corrección de la puntuación, se aprovechará para revisar también los posibles errores de letras o de acentuación. |
| **5** INVENTA  | El profesor solicitará a los alumnos que escriban en sus cuadernos un enunciado similar al estudiado, sustituyendo en cada ejemplo —como mínimo— las palabras escritas en cursiva por otras similares. Antes de realizar este paso, el profesor les indicará cuáles son las palabras que se han de sustituir. Al finalizar, algunos alumnos designados por el profesor representarán su ejemplo ante el grupo. |

# EL PUNTO [nivel 1]

El punto (.) es un signo ortográfico que indica el final de un enunciado, de un párrafo o de un texto.

**SE UTILIZA EL PUNTO:**

**• Para indicar el final de un enunciado:**

*Yo como un bocadillo.*

Si el enunciado es **interrogativo o exclamativo**, no se colocará punto cuando finalice (los propios signos ya lo incorporan):

*¿Tienes hambre?*
*¡Estás loco!*

A veces, un enunciado es más complejo y está compuesto por distintas secuencias de palabras unidas por *y* o separadas por comas u otros signos. En este caso, el punto se colocará después de la última secuencia:

*Yo como un bocadillo y bebo un refresco.*
*Yo como un bocadillo, bebo un refresco y tomo una fruta.*

Para aprender el uso adecuado del punto, es imprescindible que los alumnos hayan adquirido previamente el concepto de enunciado. Un **enunciado** puede definirse como una palabra o una secuencia de palabras que cumple tres condiciones: contener un mensaje completo, empezar y finalizar con un silencio y poseer una entonación propia. Son enunciados, porque cumplen estos tres requisitos, los siguientes:

*Está nevando.*
*¿Hacemos un muñeco de nieve?*
*¡Cuánto frío hace!*

Incluso, si al salir a la calle alguien exclama: *«¡Uff!»*, refiriéndose a la baja temperatura que hace, también se considerará un enunciado, pues cumple con las condiciones para serlo: posee una entonación propia (exclamativa), comienza y finaliza con un silencio, y, aunque no lo diga literalmente, en este contexto posee un mensaje: hace muchísimo frío.

Ahora bien, dentro de los enunciados hay uno muy especial: el enunciado oracional, también llamado **oración**. Para que un enunciado sea oración, ha de cumplir, además de los tres requisitos citados, uno más: ha de tener un verbo en forma personal:

*Óscar trabaja; Pintamos de blanco las ventanas de la casa de Mario.*

# Actividad 16: El punto al final de enunciado

| SIGUE LOS 5 PASOS DE LA PUNTUACIÓN |  **1** ESCUCHA |  **2** REPRESENTA |  **3** ESCRIBE |  **4** CORRIGE |  **5** INVENTA |

## Ejemplo: En el colegio jugamos *al tenis*.

**NOTA:** Cuando se lleve a cabo esta actividad, es muy importante que, después de finalizar el último paso, el profesor elija alguna de las frases creadas por los alumnos y les proponga realizar, de forma oral y gestual, ejercicios de «estiramiento» de sus propios enunciados finales. De esta forma, los estudiantes se darán cuenta de que el punto se coloca únicamente cuando ha finalizado el mensaje completo. Así, por ejemplo, a partir de la oración *«Mi hermano compró una camiseta»*, se pueden crear «oraciones estiradas», como las siguientes: *Mi hermano Jaime compró una camiseta en la tienda; Mi hermano Jaime compró una camiseta negra en la tienda ayer por la mañana; Mi hermano Jaime compró una camiseta negra en la tienda ayer por la mañana cuando salimos del colegio.*

Curiosamente, y como excepción en el uso del punto, la Real Academia Española permite que, en obras de contenido lingüístico, los ejemplos —como sucede con los mencionados anteriormente— puedan separarse con punto y coma y no finalizar con punto.

1. Regalé *un libro a mi abuela*.
2. La gallina está *en el corral*.
3. Juan vino *con sus padres*.
4. El tren circulaba *rápidamente*.
5. Compré *una bici por 200 euros*.
6. Salí con *mis amigos*.
7. Cortaron *la hierba en junio*.
8. La profesora tiene *catarro*.
9. Pusieron *flores para decorar*.
10. Bebieron *un refresco de naranja*.
11. Busco *un perro*.
12. El caballo corría *muy deprisa*.
13. Escribí *una carta a mi novio*.
14. Mi madre nos dio *unas golosinas*.
15. Jugaremos *el próximo martes*.
16. En mi pueblo hay *diez niños*.
17. Hemos corrido *bastante*.
18. Voy *contigo*.
19. Pintó *un cuadro con acuarelas*.
20. Ayer hice *un muñeco*.
21. Exprimí un kilo de *naranjas*.
22. Duerme *mucho por la mañana*.
23. Manuel estudia *en el colegio*.
24. Comimos *pescado*.
25. Sirvió *a los invitados*.
26. En la escuela jugamos *al tenis*.
27. Cenaremos *a las ocho*.
28. El niño miraba *tristemente*.
29. El ciervo *saltaba en el monte*.
30. Fueron *con sus primas*.
31. Dibujó *un árbol y una casa*.
32. Venden *vestidos en la tienda*.
33. Mañana comeremos *una sandía*.
34. Haré *pasteles*.
35. Compraré *un anillo*.
36. Cogí *una pera en la huerta*.
37. Mandé *un paquete a mi hija*.
38. Corro *por la calle*.

# LA COMA EN LAS ENUMERACIONES [nivel 1]

La coma (,) es un signo de puntuación que delimita unidades lingüísticas inferiores al enunciado.

**SE UTILIZA LA COMA:**

• **Para separar las palabras que forman una lista o enumeración:**

> *Tengo un lápiz, un bolígrafo, una goma, una regla, un cuaderno y una guitarra eléctrica.*

También se colocará coma si lo que se enumera son diferentes acciones:

> *Juego al tenis, practico la natación, voy al cine, salgo con mis amigos y paseo con los perros.*

En este tipo de enumeraciones, los dos últimos elementos de la lista acostumbran a unirse con *y*, y no suelen llevar coma.

Si los dos últimos elementos de la lista se unen mediante **«así como»**, lo más recomendable es escribir una coma delante:

> *Era bueno jugando al fútbol y tirando con arco, así como haciendo natación.*

En el caso de que una enumeración finalice con la palabra **etcétera o su abreviatura (etc.)**, se colocará coma antes de esta palabra:

> *En el mercado compré pantalones, camisetas, abrigos, medias, zapatillas, etc.*

Asimismo, si el enunciado continúa después de la palabra etcétera o su abreviatura (etc.), se colocará también coma tras ella, pues equivale a un inciso:

> *Toco la guitarra, voy al gimnasio, estudio inglés, etc., casi todos los días.*

De igual manera, cuando en una enumeración los diferentes elementos que la forman ya llevan coma, se recomienda el uso del **punto y coma** para separar un elemento de otro. Si el último elemento de la enumeración está introducido por *y*, basta con una coma:

> *Asistieron a mi cumpleaños Juan, mi compañero; Luisa, la hermana de Juan; Melchor, mi tío; Agustín, mi primo, y mi profesor.*

Y si uno de los elementos carece de inciso, también se aislará con punto y coma:

> *Asistieron a mi cumpleaños Juan, mi compañero; Luisa; Melchor, mi tío; Agustín, mi primo, y mi profesor.*

# Actividad 17: La coma en las enumeraciones

| SIGUE LOS 5 PASOS DE LA PUNTUACIÓN |  **1** ESCUCHA |  **2** REPRESENTA | **3** ESCRIBE |  **4** CORRIGE |  **5** INVENTA |
|---|---|---|---|---|---|

**Ejemplo: Viajaré a *Moscú*,**  ***París*,** 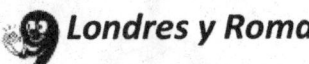 ***Londres y Roma*.**

1. Mis abuelos tienen *un perro, dos gatos y varias gallinas*.
2. Encontramos en la calle a *Manuela, Juan, Ana y Jesús*.
3. Necesito *una camiseta negra, un pantalón blanco y un pañuelo*.
4. En la orilla del río *había chopos, álamos, etc.*
5. Mis amigos tienen que ser *inteligentes, amables, simpáticos y responsables*.
6. En la cocina hay *platos, tazas, tenedores, cucharas, sartenes, etc.*
7. Jugaremos a *las cartas, al ajedrez, al baloncesto y al parchís*.
8. *Sofía, Laura, Irene y Beatriz* se reunieron en el patio.
9. Ponte el abrigo, *sal, da un paseo y vuelve antes de las once*.
10. Tengo *un lápiz, un bolígrafo, una goma y un cuaderno de anillas*.
11. Salimos a las nueve, *bajamos por la calle y subimos al monte..*
12. Pela las patatas, *córtalas, échales sal, etc., antes de freírlas*.
13. *Desayunamos, comimos, merendamos y cenamos* en casa de Alberto.
14. Limpió la casa, *regó las plantas y bajó la basura*.
15. Subieron la escalera, *llamaron a la puerta y entraron en la casa*.
16. Mi tío Anselmo *subió al coche, lo arrancó y fue a echar gasolina*.
17. Ayer *comimos, charlamos, cantamos y nos divertimos mucho*.
18. Al llegar *encendimos la luz, miramos debajo de las camas y abrimos los armarios*.
19. Juan baila en su habitación, *Pili canta en la cocina y Joaquín toca el piano* en *el salón*.
20. Tenían *un ordenador, dos balones y tres raquetas*.
21. Son *altos, rubios, delgados y educados*.
22. *Leo por las mañanas, como, duermo la siesta, etc.,* antes de salir a pasear.
23. En mi habitación hay *libros, discos, un piano, dos sillas y una mesa*.
24. En el mercado venden *pescado, carne, hortalizas y muchas cosas más*.
25. Se despidió de sus amigos, *bajó las escaleras y anduvo por la calle*.
26. *Pedro, Josué, Luis y Carlos* son cuatro buenos amigos míos.
27. *Pedro, José María, Juan Carlos y Diana* son mis cuatro mejores amigos.
28. *María José, Eva, Bea, Susana, Pedro y Eva Pérez* son excelentes profesionales.

# LOS SIGNOS DE INTERROGACIÓN Y EXCLAMACIÓN [nivel 1]

La interrogación (¿?) y la exclamación (¡!) son signos ortográficos dobles (por eso se representan con dos manos) cuya función es delimitar las oraciones interrogativas o exclamativas.

**SE UTILIZAN LA INTERROGACIÓN Y LA EXCLAMACIÓN:**

• **Para realizar preguntas directas o exclamaciones.** Se colocarán al principio y al final:

*¿Por qué no viniste con nosotros ayer?*

Si la pregunta o la exclamación comienzan en mitad del enunciado, los signos solo enmarcarán el fragmento exacto de la pregunta o de la exclamación.

*Dime la verdad, ¿por qué te fuiste sin avisar?*

Si la pregunta o exclamación va precedida de un **vocativo**, este no se incluirá en la pregunta. Si el vocativo está en medio o al final, sí se incluirá dentro de los signos.

*Marta, ¿por qué no comes más?; ¿Por qué no comes más, Marta?*

Otras veces la interrogación se usa para expresar **apéndices confirmativos** al final del enunciado. En este caso, los signos solo enmarcarán el apéndice, que se aislará con coma.

*Saldremos después de cenar, ¿vale?*

Si el enunciado resulta interrogativo y exclamativo al mismo tiempo, se permite colocar ambos signos a la vez. Si es así, caben varias posibilidades:

*¿¡Dónde has estado!?; ¿Dónde has estado!; ¡Dónde has estado?*

Cuando se realiza una **pregunta o una exclamación de forma indirecta**, no se coloca ningún signo; si así sucede, la palabra que sirve para preguntar debe llevar tilde:

*La profesora me preguntó cuántos años tenía.*

Si aparecen varias **interrogaciones o exclamaciones seguidas**, puede entenderse que son oraciones independientes: *¿Vino Juan? ¿Dónde había estado? ¿A qué hora se marchó? ¿Venía solo?* Si así fuera, cada oración comenzará con letra mayúscula. Pero también pueden entenderse como un solo enunciado. En este caso, se separan con coma o punto y coma, y solo la primera se escribirá con mayúscula: *¿Aceptaste el trabajo?, ¿lo rechazaste?, ¿pediste más tiempo?*

# Actividad 18: Signos de interrogación y exclamación

| SIGUE LOS 5 PASOS DE LA PUNTUACIÓN | **1** ESCUCHA  | **2** REPRESENTA  | **3** ESCRIBE  | **4** CORRIGE  | **5** INVENTA  |
| --- | --- | --- | --- | --- | --- |

Ejemplos: 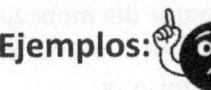 ¿Tienes hambre? 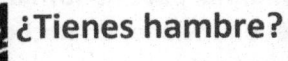  ; Fue Inés, 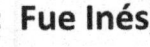  ¿no?

NOTA: En el paso 2 [REPRESENTA], permanecerán levantados ambos brazos, pero solo mientras se estén pronunciando las palabras comprendidas entre los signos.

1.  ¡Llueve *mucho*!
2.  ¿Hace calor *en Canarias*?
3.  ¡Esta semana iremos *al zoo*!
4.  ¿Tienes *hambre*?
5.  ¡*El tenis* es mi deporte favorito!
6.  ¡Está *nevando*!
7.  ¡Nos han dado *un regalo*!
8.  *Fue Ángela*, ¿no?
9.  ¡Ha llegado *tu prima*!
10. ¿Has jugado a *la lotería*?
11. ¡Vamos a ir *a la playa*!
12. *¿Quieres una naranja*, Manuela?
13. ¿Bailas *mucho*?
14. ¡*El agua* está fría!
15. ¿*Tienes un boli*, Ramón?
16. *Me queda bien*, ¿verdad?
17. ¡No iremos *a clase el martes*!
18. ¡Nos veremos *en el patio*!
19. ¿Hoy vas a comer *macarrones*?
20. ¡El perro está *comiendo castañas*!
21. ¿*Verás mañana a tu tía*, Pepe?
22. ¡Hoy iremos *a ver el partido*!
23. Jaime, *¿has perdido tu mochila*?
24. ¿Has probado *el plátano*?
25. *Estoy muy cansado*, ¿vale?
26. Sara, ¡*vete ya*!
27. ¿Se te da bien *el dibujo*?
28. ¡Ya terminaron *la obra*!
29. ¿Ha empezado *la película*?
30. ¿Ha venido *María*?
31. ¡Qué calor! Quiero *bañarme*.
32. ¿Estás *muy triste*?
33. ¡Se ha roto *la televisión*!
34. ¡*Ella* no me llamó!
35. *Tienes miedo*, ¿eh?
36. ¿Vendrán *Ramón y Luis*?
37. ¿Nos llevamos *la pelota*?
38. ¡*Seguro que* están allí!
39. *Haremos una paella*, ¿no?
40. ¡Qué gran *día*!
41. ¡*Ayer* dormiste mucho!
42. ¡*Has sido muy mala*, Manuela!
43. ¿Estás *muy enfadado*?
44. ¡Estáis *temblando*!
45. *Te quiero mucho*, ¿sabes?
46. ¡Eres *vago*!
47. ¿Me das *un euro*?
48. Ana, ¡*estoy muy feliz*!
49. ¿Has ido *a la fiesta*?
50. *Eso es correcto*, ¿vale?

# LA COMA CON INFORMACIÓN SECUNDARIA [nivel 2]

La coma (,) es un signo de puntuación que delimita unidades lingüísticas inferiores al enunciado.

SE UTILIZA COMA CON INFORMACIÓN SECUNDARIA:

• Cuando se introduce una información dentro de un enunciado con el fin de aclarar algo. Esta información es secundaria, pues no forma parte del mensaje principal del enunciado; de hecho, si se suprime, el mensaje importante sigue siendo el mismo:

> *Este cuadro, según algunos críticos, resulta muy atractivo.*

La información secundaria irá siempre entre comas. Suele aparecer en medio del enunciado, pero puede ir al principio o al final (en estos casos, bastará con una sola coma):

> *Este cuadro resulta muy atractivo, según algunos críticos.*
> *Según algunos críticos, este cuadro resulta muy atractivo.*

La información secundaria se suele presentar como incisos o como vocativos:

— Los **incisos** son elementos secundarios que aportan precisiones, ampliaciones, rectificaciones o circunstancias a lo dicho:

> *Alfonso, el profesor de matemáticas, es muy buena persona.*

Los incisos pueden ir entre comas (nivel mínimo de aislamiento), entre rayas (nivel intermedio) o entre paréntesis (nivel máximo de aislamiento). La flexión de la entonación y la pausa pueden ayudar a decidir la presencia o ausencia de la coma en los incisos: si hay pausa y cambio en la entonación, se escribirá coma.

— Los **vocativos** son palabras que se usan para llamar o nombrar a la persona o personas a las que nos dirigimos. Deben colocarse entre comas, aunque el enunciado sea muy breve. Pueden ir al principio, en medio o al final del enunciado:

> *Raúl, no corras aquí; No corras, Raúl, aquí; No corras aquí, Raúl.*

Si el vocativo inicia un enunciado interrogativo, permanecerá fuera de los signos de interrogación: *Jaime, ¿por qué has venido tú solo?*

En los demás casos, el vocativo queda dentro de los signos de interrogación:

> *¿Por qué has venido tú solo, Jaime?; ¿Por qué, Jaime, has venido tú solo?*

# Actividad 19: Coma con información secundaria

| SIGUE LOS 5 PASOS DE LA PUNTUACIÓN | **1** ESCUCHA  | **2** REPRESENTA  | **3** ESCRIBE  | **4** CORRIGE  | **5** INVENTA  |
|---|---|---|---|---|---|

**INCISOS. Ejemplo: Jorge,**  *el alumno nuevo*,  **trabaja mucho.**

1. Uno de mis hijos, *Juan*, me ha regalado un viaje.
2. Llegaremos, *casi seguro*, el próximo jueves.
3. Encima de la mesa, *la que está en el salón*, se encuentran los libros.
4. Los plátanos de Canarias, *maduros*, son deliciosos.
5. La L mayúscula, *dice mi amigo Lucas*, parece una pierna.
6. Alfonso, *el profesor de matemáticas*, es muy buena persona.
7. Márquez, *el jugador de fútbol,* ha llegado a Palencia.
8. Ha llegado Márquez, *el jugador de fútbol.*
9. Toda la familia, *menos tus primos,* hacen mucho deporte.
10. Ramiro es, *según los entendidos*, el que mejor cocina.
11. El ciclista español, *el que iba vestido de rojo*, ganó la segunda etapa.
12. Todos los días, *excepto los martes,* hacemos una paella.
13. Hacemos una paella todos los días, *excepto los martes.*
14. *Excepto los martes*, hacemos una paella todos los días.
15. Yo, *aunque no lo parezca*, soy un buen cantante.
16. Me dijo Inés, *la hija de la farmacéutica,* que pasases por la farmacia.
17. Esta ciudad, *según la policía*, es muy peligrosa.
18. La reina, *como ya te había dicho*, heredó el trono muy joven.
19. En el deporte, *como en casi todo*, no debes usar la violencia.
20. A mí, *que soy muy goloso,* me encantan los dulces de chocolate.
21. Mi compañero, *Benito,* se casó con una inglesa.
22. Todos los días, *incluidos los domingos,* salgo a correr.
23. Yo, *Víctor,* te declaro mi amistad.
24. Jorge, *el alumno nuevo*, toca el saxofón.
25. Añada medio litro de leche, *previamente hervida*, al pastel.
26. Juanito, *aunque tú no te lo creas,* es mi amigo.
27. Juanito es mi amigo, *aunque tú no lo sepas.*
28. *Aunque tú no lo creas,* Juanito es mi amigo.

## VOCATIVOS. Ejemplo: Te he dicho, 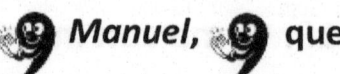 *Manuel,* que no grites.

1. Me duele mucho la cabeza, *doctor*.
2. Hacedme caso, *mis queridos amigos*.
3. Quiero saber cuándo será el examen, *profesor*.
4. *Canela*, no ladres tan fuerte.
5. Sal, *Juanita*.
6. Ponte ahí, *querida*.
7. *Niños*, no quiero repetirlo más veces.
8. A ver, *chaval*, haz el favor de no dar la lata.
9. *Compañeros*, nunca os olvidaré.
10. *Jaime*, deja de gritar.
11. Hoy, *apreciados compañeros*, es un día muy importante.
12. No puede ser, *Rafael*, que no te hayas dado cuenta.
13. *Chicos*, no os vayáis.
14. No seas tonta, *Marisa*.
15. *Abuela*, pásame un trozo de pan.
16. *Querido*, no aguanto más tus tonterías.
17. *Entrenador*, yo no quiero jugar de portero.
18. No seas tonto, *muchacho*.
19. Te he dicho mil veces, *Paco*, que me ayudes a llevar la mochila.
20. Tú te creías, *amigo mío*, que yo no me iba a enterar.
21. *Ramón*, dale fuerte al balón.
22. No se puede pasar, *señor*.
23. *Señor*, déjeme marchar.
24. *Abuela*, cada día te quiero más.
25. *Encarna y Mariana*, tened cuidado con el perro.
26. A mí, *amigo mío*, me da lo mismo.
27. Salta, *muchacho*, no tengas miedo.
28. Quiero volver en tren, *papá*.
29. Ya me comentaste, *Ramón*, que tú no habías sido.
30. Nunca se me ocurrió eso, *querida Maricarmen*.
31. Deja de llorar, *hija mía*, que no ha sido para tanto.
32. *Mamá*, dame una galleta de coco.
33. No entiendo este ejercicio, *profesor*.
34. *Abuelo*, enséñame ese juego tan divertido.
35. Enséñame, *abuelo,* ese juego tan divertido.
36. Enséñame ese juego tan divertido, *abuelo*.
37. Celebremos el triunfo, *amigos*.
38. No creo, *Juana,* que sea verdad lo que me dices.

# LA RAYA EN LOS DIÁLOGOS [nivel 2]

La raya (—) es un signo de puntuación, simple o doble, representado por una línea horizontal. No debe confundirse con el guion (más corto) ni con el signo matemático «menos»:

> —No te enfades.
> —Yo no me enfado —contestó Eloísa.

**SE UTILIZA LA RAYA:**

• **Para encabezar los diálogos.** Se escribe pegada a la primera palabra y, generalmente, la intervención de cada personaje se coloca en una línea:

> —Mañana te espero en mi casa.
> —Vale, allí estaré.

• **Para añadir un comentario del narrador**, utilizando, la mayoría de las veces, verbos de lengua (*decir, responder, afirmar, señalar, explicar, añadir, asegurar, preguntar...*).

En este caso, la puntuación que acompaña a la intervención del narrador puede realizarse de dos formas diferentes:

Si el personaje **no sigue hablando** después del comentario, se colocará una raya pegada a la primera palabra del comentario y un punto al final:

> —Mañana te espero en mi casa —dijo Laura.

Si el personaje **sigue hablando** después de la intervención del narrador, se cerrará el comentario del narrador con otra raya pegada a la última palabra y, después, se colocará el signo de puntuación correspondiente (punto, coma, punto y coma o dos puntos):

> —Mañana te espero en mi casa —dijo Laura—. Iremos a merendar.

Cuando el comentario del narrador **no es un verbo de lengua** y constituye un enunciado completo, las palabras del personaje se cerrarán con un punto o signo equivalente, y el inciso del narrador comenzará con raya y mayúscula:

> —De acuerdo. —Cogió su mochila y se fue.

En este último caso, si el personaje sigue hablando, el punto que marca el final del comentario se escribirá tras la raya de cierre:

> —De acuerdo. —Cogió su mochila y se fue—. Ahí os quedáis.

# Actividad 20: Raya en los diálogos

| SIGUE LOS 5 PASOS DE LA PUNTUACIÓN | 1 ESCUCHA | 2 REPRESENTA | 3 ESCRIBE | 4 CORRIGE | 5 INVENTA |

## INTRODUCIR DIÁLOGO. Ejemplo: 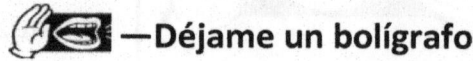 —Déjame un bolígrafo.

**NOTA:** En el paso 2 [REPRESENTA], se mantendrá solo la mano izquierda al lado de la boca mientras se repite el enunciado.

1.  —Rubén es informático.
    —*Yo estoy estudiando para ser médico.*

2.  —Mis abuelos acaban de llegar de Salamanca.
    —*Pues mis padres estuvieron en Guadalajara.*

3.  —Dame mis gafas.
    —*Dame tú mi estuche.*

4.  —A mí no me apetece salir este fin de semana.
    —*Pues quédate en tu casa.*

5.  —No sé si podré ir esta tarde al parque.
    —*Haz lo que quieras.*

6.  —Yo creo que soy muy inteligente.
    —*Pues yo pienso que eres poco espabilado.*

7.  —Déjame un boli.
    —*Toma y no me lo pierdas.*

8.  —Cogeremos el autobús a las ocho.
    —*Yo prefiero volver en tren.*

9.  —A mí no me gustan nada las fiestas.
    —*Pues a Sole le encantan.*

10. —Pásame el salero.
    —*Toma y calla.*

11. —Mi músico preferido es Vivaldi.
    —*Yo prefiero a Antonio Gómez Cuesta.*

12. —Mañana plantaremos tres árboles en el jardín.
    —*Te ayudaré a cavar la tierra.*

# COMENTARIO. Ejemplo: Ven  —dijo Ana— . Iremos juntos.

**NOTA:** En el paso 2 [REPRESENTA], no se realizará gestualmente la raya de inicio del enunciado. Sí se representará, en cambio, la raya o rayas que enmarcan el comentario del narrador. Si dicho comentario únicamente dispone de raya de inicio, se llevará solo la mano izquierda a la boca mientras se pronuncia. Si el comentario dispone de raya de inicio y raya de cierre, se colocarán ambas manos a la vez al lado de la boca durante al tiempo que dure el comentario.

En el paso 5 [INVENTA], sería conveniente que los alumnos tuvieran a la vista un listado de verbos de lengua (*decir, responder, afirmar, explicar, añadir, asegurar, preguntar, contestar, exclamar...*).

1. —No hay nada de qué hablar —*dijo*—. Yo no he sido.
2. —Es difícil acertar en estos casos —*aclaró el doctor*.
3. —Como quieras —*dijo Miguel*—. Llegaremos a la hora de comer.
4. —Un momento —*susurró ella*—. Déjame ver tus manos.
5. —Soy médico —*dijo él*—. Acaso puedo hacer algo por usted.
6. —Abel le dio el primer trabajo a mi hermano —*argumentó Juan*.
7. —Pepa me ha dicho que llegará tarde —*insistió Ana*—. Déjale la puerta abierta.
8. —Creo que sí —*murmuró la bruja en la oreja del gigante*.
9. —Pronto llegaremos a una nueva tierra —*dijo el marinero*.
10. —Esta noche es Nochebuena —*susurró muy alegre mi abuelo*.
11. —Vas a reventar si comes muchos pasteles —*gritó mi madre*.
12. —No sé —*respondió Juana*—. Nunca me enteré de nada.
13. —Eso es un misterio —*argumentó el científico*—. Es muy difícil de explicar.
14. —Yo no lo tengo —*aseguró el ladrón*—. Lo tiré a la basura.
15. —Dame uno a mí —*dijo Enrique*.
16. —Dame uno a mí —*dijo Nieves*—. El otro lo puedes tirar.
17. —Recoja el equipaje —*vociferó el encargado*.
18. —Ninguno volverá a ser el mismo —*susurró desesperada*.
19. —Vuelve conmigo —*gritó el hombre de negro*—. Todavía queda gente allí.
20. —No me lo creo —*balbuceó el pequeño*.
21. —Siéntate y cállate —*gritó la mujer de rojo*.
22. —No saldremos hasta las siete —*aseguró el maquinista*—. El tren está averiado.
23. —Suelta la cuerda —*gritó el marinero*.
24. —Suelta la cuerda —*gritó el marinero*—. Después átala con fuerza.
25. —Dámela —*dijo mi primo*.
26. —No me toque —*insistió*.
27. —No me toque —*insistió*—. Yo no soy una guitarra.
28. —Está prohibido fumar en esta sala —*dijo la enfermera*.
29. —No puede salir —*gritó el conductor*.
30. —Coja ese papel —*sugirió el encargado*.
31. —A mí no me asusta —*asintió de nuevo el chiquillo*—. Yo no tengo miedo.
32. —Sois unos cobardes —*vociferó el comandante*.
33. —Haga el favor de enseñarme su documentación —*dijo el guardia*.

# LA COMA O EL PUNTO Y COMA ante *pero...* [nivel 2]

Tanto la coma (,) como el punto y coma (;) son signos ortográficos que delimitan unidades inferiores al enunciado.

**SE UTILIZAN LA COMA O EL PUNTO Y COMA:**

• Entre las oraciones que expresan ideas contrapuestas mediante los nexos *pero, mas, aunque, sino...*:

> *No quiero que te vayas, pero sé que te irás.*

Si lo que se dice antes del nexo tiene cierta longitud y, especialmente, si lleva comas internas, se escribirá **punto y coma**:

> *Ángel y su hermano, José María, no asistieron durante mucho tiempo al colegio; pero sus amigos los recordaban con cariño.*

La palabra **«sino»** no lleva coma delante cuando equivale a «salvo», «excepto», «aparte de», y puede ser sustituida por «más que»:

> *¿Quién sino* (más que) *tú me contó lo que había pasado?*

Son casos especiales de la coma delante de **«pero»**:

— Cuando enfrenta dos adjetivos o dos adverbios: *Es alto pero ágil* (coma opcional).

— Cuando enlaza dos adjetivos que preceden al sustantivo que modifican: *Hizo una escasa pero sabrosa paella* (opcional, pero se recomienda no ponerla).

Además, la palabra «pero» no lleva coma detrás si le sigue una oración interrogativa o exclamativa (aunque al hablar se realice una pequeña pausa):

> *Pero ¿qué estás diciendo?*

### CURIOSIDADES ACERCA DEL PUNTO Y COMA

El plural de punto y coma se forma variando únicamente el artículo: «los punto y coma». No son, por tanto, correctas las formas «los puntos y comas» ni «los puntos y coma».

El uso del punto y coma está en decadencia: ha pasado de sesenta y ocho veces por mil palabras en el siglo XVIII a diez veces por mil palabras en el siglo XX. Es un signo que levanta pasiones: algunos lo aman (tiene su propio Día Internacional del Punto y Coma: 6 de febrero) y otros lo detestan («Jamás uses el punto y coma [...] Lo único que hace es señalar que has ido a la universidad», escribió Kurt Vonnegut).

# Actividad 21: Coma delante de «pero», «aunque»...

| SIGUE LOS 5 PASOS DE LA PUNTUACIÓN | **1** ESCUCHA  | **2** REPRESENTA  | **3** ESCRIBE  | **4** CORRIGE  | **5** INVENTA  |
| --- | --- | --- | --- | --- | --- |

Ejemplo: **Jugamos muy bien,**  **pero** *no conseguimos ganar*.

1. Tienes que llevar un regalo a tus abuelos, mas *procura no gastar demasiado*.
2. Sé que me quiere mucho, pero *a veces discutimos*.
3. No es más rico el que más tiene, sino *el que menos necesita*.
4. Solo disponemos de una semana de vacaciones, pero *iremos de viaje a China*.
5. Me he comprado un coche nuevo, pero *no me lo entregarán hasta enero*.
6. Juan no se sentía con muchas fuerzas, mas *todo salió perfectamente*.
7. Hice todo lo posible por superar las pruebas, pero *no pudo ser*.
8. Lo explicó el profesor con mucha claridad, mas *no lo entendí*.
9. Trajeron todos los juguetes que tenían en casa, pero *se olvidaron de las raquetas*.
10. Quisieron llegar antes de amanecer, mas *no lo lograron*.
11. Creo que soy muy pacífico, pero *puedo perder los nervios*.
12. Me gustan todos los pasteles, pero *mis preferidos son los de chocolate*.
13. Jacinta aprobó el examen, pero *no consiguió un puesto de trabajo*.
14. Estamos en mayo, pero *hace más frío que en diciembre*.
15. Tenía todo lo que se le antojaba, pero *no era feliz*.
16. Adela estuvo trabajando toda la noche, mas *no pudo resolver el problema*.
17. Mis padres fueron a verte por la mañana, mas *no estabas en casa*.
18. Iría contigo a hacer deporte, pero *tengo mucho trabajo*.
19. Es un muchacho muy trabajador, pero *se cansa enseguida*.
20. Siempre comía muy bien, pero *ahora no le gusta nada*.
21. Tocaba magistralmente el piano, mas *prefería cualquier instrumento de viento*.
22. No te lo cuento para enfadarte, pero *tú no hagas lo mismo*.
23. Aprovecha las vacaciones, pero *vuelve pronto*.
24. Toco la flauta, mas *prefiero el saxofón*.
25. Llegó pronto, pero *se fue en el primer tren*.
26. Luchamos hasta el final, pero *perdimos*.
27. Los animales de la granja, sobre todo los cerdos, se mostraron muy contentos cuando llegó el granjero con la comida; pero *comieron muy poco*.

# EL GUION AL FINAL DE LÍNEA [nivel 3]

El guion (-) no pertenece al grupo de los signos de puntuación, sino que debe considerarse un signo ortográfico auxiliar.

**SE UTILIZA EL GUION:**

• **Para dividir una palabra cuando, por necesidades de espacio, se tenga que cambiar de línea.**

Como norma general, un guion no puede separar letras de una misma sílaba, sino que debe colocarse en alguna frontera silábica de la palabra. Pero, además, se han de respetar las siguientes pautas:

— No se pueden separar **vocales seguidas**, aunque pertenezcan a sílabas diferentes:

☑ *pea-/tón;* ☒ *pe-/atón*

— Al cortar la palabra, no puede quedar una **vocal sola** en una línea:

☑ *ama-/nece;* ☒ *a-/manece*

— Cuando una palabra contiene un **prefijo**, también se puede separar el prefijo del resto de la palabra, aunque no coincida con las sílabas:

☑ *de-/sactivar;* ☑ *des-/activar*

— Si se juntan **tres consonantes** en una palabra, las dos primeras se unen a la vocal anterior y la última, a la siguiente:

☑ *Obs-/táculo*

En cambio, si la última letra del grupo de consonantes es *l* o *r*, se une solo la primera a la vocal anterior y las otras dos forman parte de la sílaba siguiente:

☑ *Com-/probar*

— Los **dígrafos** *ch, ll, rr* no pueden separarse nunca; en cambio, *cc* se puede separar cuando coincida al final de renglón:

☑ *ac-/ción*

---

**NOTA:** Es un error frecuente colocar el acento gráfico en la palabra «guion». Esta palabra no debe llevar tilde porque, a efectos ortográficos, se considera monosílaba (como lo es, por ejemplo, Dios), y los monosílabos no se acentúan gráficamente, salvo los que lleven tilde diacrítica.

# Actividad 22: Guion al final de línea

| SIGUE LOS 5 PASOS DE LA PUNTUACIÓN | **1** ESCUCHA  | **2** REPRESENTA  | **3** ESCRIBE  | **4** CORRIGE  | **5** INVENTA  |

**Ejemplo: individuo = in-**  **di-**  **vi-**  **duo**

**NOTA:** El profesor dictará una de las palabras propuestas y los alumnos la reescribirán tantas veces como divisiones sean posibles: *individuo* (*in-/dividuo, indi-/viduo, indivi-/duo*). En el apartado 5 [INVENTA], cada alumno propondrá la palabra que desee y realizará las divisiones pertinentes.

1. rueda (*rue-/da*)
2. mientras (*mien-/tras*)
3. individuo (*in-/di-/vi-/duo*)
4. aéreo (*aé-/reo*)
5. cuidado (*cui-/da-/do*)
6. abriría (*abri-/ría*)
7. cuento (*cuen-/to*)
8. héroe (*hé-/roe*)
9. jaula (*jau-/la*)
10. cuaderno (*cua-/der-/no*)
11. paella (*pae-/lla*)
12. sandía (*san-/día*)
13. pie (*pie*)
14. canséis (*can-/séis*)
15. cuidáis (*cui-/dáis*)
16. descortés (*des-/cor-/tés*)
17. desgracia (*des-/gra-/cia*)
18. desuso (*des-/uso; de-/su-/so*)
19. instrumento (*ins-/tru-/men-/to*)
20. construir (*cons-/truir*)
21. constante (*cons-/tan-/te*)
22. instalar (*ins-/ta-/lar*)
23. armario (*ar-/ma-/rio*)
24. constar (*cons-/tar*)
25. cuesta (*cues-/ta*)
26. inscribirse (*ins-/cri-/bir-/se*)
27. elecciones (*elec-/cio-/nes*)
28. acciones (*ac-/cio-/nes*)
29. dirección (*di-/rec-/ción*)
30. colección (*co-/lec-/ción*)
31. acceso (*ac-/ce-/so*)
32. acción (*ac-/ción*)
33. producción (*pro-/duc-/ción*)
34. calefacción (*ca-/le-/fac-/ción*)
35. conducción (*con-/duc-/ción*)
36. lección (*lec-/ción*)
37. redacción (*re-/dac-/ción*)
38. correo (*co-/rreo*)
39. coméis (*co-/méis*)
40. hacia (*ha-/cia*)
41. caliente (*ca-/lien-/te*)
42. humareda (*hu-/ma-/re-/da*)
43. estupendo (*es-/tu-/pen-/do*)
44. infantil (*in-/fan-/til*)
45. pared (*pa-/red*)
46. triciclo (*tri-/ci-/clo*)
47. subisteis (*su-/bis-/teis*)
48. anduvimos (*an-/du-/vi-/mos*)

# LOS DOS PUNTOS [nivel 3]

Signo de puntuación (:) que representa una pausa mayor que la de la coma y menor que la del punto.

El signo de los dos puntos no cierra un enunciado; lo dicho antes del signo necesita completarse a continuación. En cierto modo, los dos puntos predisponen al lector sobre lo que va a venir después de ellos.

En algunos casos, los dos puntos se pueden sustituir por una coma. No obstante, si se desea dar énfasis a lo que sigue tras el signo, es preferible elegir los dos puntos en lugar de la coma.

**SE UTILIZAN LOS DOS PUNTOS:**

• **Para introducir una cita textual en la que se repiten las palabras de otra persona.** Si es así, se escribirá mayúscula después de los dos puntos y se entrecomillará la cita:

*Gandhi dijo: «El que retiene algo que no necesita es un ladrón».*
*Silvia Kohan, autora del libro «Puntuación para escritores y no escritores», dice: «Los dos puntos abren una expectativa, alertan sobre lo que viene a continuación, prometen que una idea se va a desarrollar, a retomar o ampliar».*
*Einstein manifestó: «La imaginación es más importante que el conocimiento».*

• **En los diálogos, detrás de los llamados verbos de lengua** (*responder, decir, preguntar, explicar, contestar, aclarar, advertir, afirmar, agregar, añadir, argumentar, contar, declarar, exclamar, gritar, informar, sugerir...*). Con este tipo de estructura, el discurso del hablante, casi siempre, comenzará en una nueva línea, precedido de raya y con letra mayúscula:

*La maestra dijo:*
*—Vayamos todos al patio.*
*En ese momento alguien gritó:*
*—¡Esperad, que yo también quiero ir!*

• **Para anunciar una lista o enumeración.** En tales circunstancias, se escribirá minúscula después de los dos puntos, salvo que sean nombres propios:

*Ayer recibí varios regalos: un estuche, dos libros, una camiseta, unas gafas de buceo y unas zapatillas.*
*El jurado valoró tres aspectos: la claridad, la creatividad y la ortografía.*
*El menú incluye estos platos: sopa, pollo, lenguado y tarta.*

# Actividad 23: Dos puntos

| SIGUE LOS 5 PASOS DE LA PUNTUACIÓN | **1** ESCUCHA  | **2** REPRESENTA 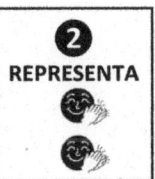 | **3** ESCRIBE  | **4** CORRIGE  | **5** INVENTA  |
| --- | --- | --- | --- | --- | --- |

**CITAS. Ejemplo:** *Dijo Sócrates:*  *«Solo sé que no sé nada».*

**NOTA:** En el paso 5 [INVENTA], los alumnos escribirán el nombre de un compañero/a o de un personaje conocido; después pondrán en su boca cualquier cita inventada.

1. *Buda afirmó: «No lastimes a los demás con lo que te causa dolor a ti mismo».*
2. *La pintora Frida Kahlo manifestaba: «No hay nada más hermoso que la risa».*
3. *Una sentencia de Platón dice: «El que aprende y aprende y no practica lo que aprende es como el que ara y ara y no siembra».*
4. *Un proverbio árabe sugiere: «No abras los labios si no estás seguro de que lo que vas a decir es más hermoso que el silencio».*
5. *Un dicho escocés dice: «La sonrisa cuesta menos que la electricidad y da más luz».*
6. *Teresa de Calcuta manifestaba: «La paz comienza con una sonrisa».*
7. *El Dalái Lama dijo: «Derroto a mis enemigos cuando los hago mis amigos».*
8. *El cantante Bob Marley argumentó: «Las guerras seguirán mientras el color de la piel siga siendo más importante que el de los ojos».*
9. *El escritor Shakespeare dejó escrito: «El que va demasiado aprisa llega tan tarde como el que va muy despacio».*
10. *El escritor Goethe dijo: «El único hombre que no se equivoca es el que no hace nada».*
11. **Pitágoras afirmó: «Enseña a los niños y no será necesario castigar a los hombres».**
12. *Rousseau dijo: «Lo que uno ama en la infancia se queda en el corazón para siempre».*
13. *El griego Aristófanes afirmó: «La vejez es la segunda infancia».*
14. *A Simón Bolívar se le atribuye la frase: «El arte de vencer se aprende en las derrotas».*
15. *Dijo Mandela: «La educación es el arma más poderosa».*
16. *Dice un proverbio popular: «Quien tiene un amigo tiene un tesoro».*
17. *Mi padre siempre me decía: «El ejemplo es la mejor enseñanza».*
18. *Dice un refrán popular: «El saber no ocupa lugar».*
19. *Mi profesor siempre repetía: «El esfuerzo de hoy es el éxito de mañana».*
20. *Dice un dicho popular: «Haz el bien sin mirar a quién».*

## ANUNCIAR DIÁLOGO. Ejemplo: El profesor dijo: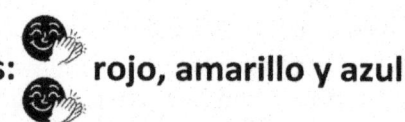

1. El camarero afirmó:
—*Los postres son riquísimos.*
2. La entrenadora contestó:
—*Tú no jugarás el próximo domingo.*
3. Uno de los policías advirtió:
—*Crucen por el paso de peatones.*
4. El médico afirmó:
—*Tiene rota la muñeca.*
5. El testigo declaró:
—*Yo lo vi perfectamente.*
6. Mi padre me dijo:
—*Tienes que volver antes de las diez.*
7. Mi madre argumentó:
—*No deberías jugar al fútbol con esos zapatos.*
9. El médico le dijo a mis padres:
—*Su hijo solo tiene un poco irritada la garganta.*
10. Los chicos dijeron:
—*Volved pronto.*
11. El maestro advirtió:
—*Hoy no se puede ir de excursión.*


## ANUNCIAR LISTA. Ej.: Colores primarios: rojo, amarillo y azul.

1. En la cocina había varios alimentos: *mantequilla, leche, yogures y harina.*
2. En el zoológico he visto animales variados: *serpientes, lobos, hienas y osos.*
3. He estado en algunos países de América: *Argentina, Chile, Brasil y Colombia.*
4. Ayer recibí varios regalos: *un estuche, dos libros, una camiseta y unas zapatillas.*
5. Son animales herbívoros los siguientes: *las vacas, los bueyes, los burros y los caballos.*
6. Matilde pidió varias cosas: *un jersey, una falda, un ordenador y unos juegos de mesa.*
7. La orquesta tenía los siguientes instrumentos: *oboe, clarinete, trompeta, flauta, piano, violín y viola.*
8. Hizo un pastel con estos productos: *azúcar, chocolate, fresas y nata.*
9. Mi casa parece un zoológico: *perros, gatos, gallinas, un burro y muchas palomas.*
10. Me han dado bastantes regalos: *un ordenador, una raqueta y unos pantalones.*
11. Para pintar necesitamos: *pinceles, pinturas, papel y un delantal.*

# LOS PUNTOS SUSPENSIVOS [nivel 3]

Signo de puntuación (...) formado por tres puntos consecutivos —y solo tres— que, como su nombre indica, «suspenden» de momento la información esperada para ofrecer otras posibilidades.

Colocar más de tres puntos no aumenta el suspense: es, simplemente, incorrecto.

Los puntos suspensivos, estratégicamente colocados, pueden decir más que las propias palabras.

No habrá espacio entre los puntos suspensivos y la palabra anterior.

SE UTILIZAN LOS PUNTOS SUSPENSIVOS:

• **Para indicar suspense o expectación:**
> *Pensaba que eras más... espabilado.*
> *En medio del espectáculo apareció... un loro que cantaba.*

Después de los puntos suspensivos se escribe **mayúscula** únicamente si estos cierran un enunciado:

> *No sé quién eres... Coge tu mochila y vete de aquí.*
> *Te llama la directora... Creo que quiere hablar contigo.*

En cambio, si el enunciado continúa, se escribirá detrás de ellos letra **minúscula**:

> *Tú eres... un sol.*
> *Dijiste que no venías... y viniste.*

En cualquier caso, los puntos suspensivos irán pegados a la palabra anterior y separados con un espacio de la palabra siguiente.

• **Para dejar sin acabar una lista.** Equivalen a la palabra etcétera (etc.):

> *Compré en el mercado tomates, pimientos, alcachofas, uvas, cerezas...*
> *Ayer por la tarde fuimos de compras, jugamos a las cartas, merendamos, vimos una película... En fin, lo pasamos estupendamente.*

Los puntos suspensivos son incompatibles con la palabra etcétera y su abreviatura (etc.). Se ha de elegir una de las dos posibilidades. Su uso conjunto es un error.

> *Visité Toledo, Granada, Sevilla, etc.; Visité Toledo, Granada, Sevilla...*

# Actividad 24: Puntos suspensivos

| SIGUE LOS 5 PASOS DE LA PUNTUACIÓN | **①** ESCUCHA  | **②** REPRESENTA  | **③** ESCRIBE  | **④** CORRIGE  | **⑤** INVENTA  |
|---|---|---|---|---|---|

## SUSPENSE. Ejemplo: Pensaba que eras más...  guapo.

1. Pensaba que eras más... *listo.*
2. Lo reconocí por... *su agradable olor.*
3. Siempre me pareciste muy... *exagerado.*
4. Estoy pensando que... *acepto tu propuesta.*
5. Al final os vimos... *dándoos un beso.*
6. Yo solo quiero... *ser feliz.*
7. Lo hiciste tú y... *tus amiguitos.*
8. Me hubiera gustado ser... *como tú.*
9. Los sorprendí comiéndose... *mi merienda.*
10. Tenía que informarte de algo... *muy feo.*
11. No sé cómo decirte que... *te odio con todas mis fuerzas.*
12. Cuando la vi... *aluciné.*
13. No lo sé...*Trataré de averiguarlo.*
14. Tú dijiste que no venías... *No se puede contar contigo.*
15. No sé... *No me lo puedo creer.*
16. Antes de irte... *devuélveme el regalo.*
17. Te lo diré... *sin enfadarme.*
18. Mejor... *vete de aquí.*
19. Parece que está... *muerto.*
20. Te llama la directora... *Creo que te felicitará.*
21. No sé qué decirte... *Acaso no te vuelvo a ver.*
22. Nos encantaría saber... *quién lo hizo.*
23. Si yo te contara... *Vamos a dejarlo.*
24. Acaso... *lo hago yo mismo.*
25. Pero eres tan... *mala persona.*
26. Estoy pensando... *Mejor dejarlo así.*
27. Me gustas mucho... *cuando estás lejos.*

**FINAL LISTA. Ejemplo: Vendo *bicis, motos, patinetes...***

1. Ángela practica *el tenis, el fútbol, el baloncesto, la natación...*
2. Vinieron a verle *Javier, Nerea, Ramón, Anselmo, Susana...*
3. En la fiesta nos ofrecieron *chocolatinas, galletas, refrescos, gominolas...*
4. Tengo en mi cartera *un boli, una goma, tres libros, varias libretas...*
5. Los niños en el patio *saltan, corren, juegan, hablan...*
6. Durante el fin de semana *veré una película, jugaré un partido, saldré con los amigos...*
7. Son ciudades europeas *París, Londres, Lisboa, Roma...*
8. Por la tarde *duermo la siesta, estudio un poco, veo la tele, salgo a pasear...*
9. Tenemos en casa *sartenes, cazuelas, botes, cuchillos, tenedores...*
10. Estoy harto de *lavar los platos, cocinar, limpiar...*
11. Me gustan *los perros, los gatos, las tortugas...*
12. En este cuadro he utilizado *el rojo, el verde, el azul, el negro...*
13. Leo, *veo la tele, hago las cosas de casa...*
14. Aparecieron *Juana, Ramón, Patro, Maxi...*
15. Le he puesto a la tarta *chocolate, fresas, nata...*
16. Tengo fotos de *Uruguay, Argentina, Chile...*
17. No quiero *peleas, violencia, discusiones...*
18. Compramos *una bufanda, una falda, dos pares de calcetines, una chaqueta...*
19. Me dieron *caramelos, cromos variados, juguetes...*
20. Aquí venden *bicicletas, motos...*
21. A menudo sueño con *ratas, vampiros...*
22. En el baño hay *colonias, cremas...*
23. Repoblaron el bosque con *pinos, encinas...*
24. Lleva en la cartera *dinero, el carné...*
25. Me agrada *bailar, cantar, contar chistes...*
26. En los cajones encontrarás *calcetines, calzoncillos...*
27. He visitado recientemente *Francia, Alemania...*
28. Pusieron en la calle *muchas flores, luces de colores...*
29. Se usan en la construcción *ladrillos, mármol...*
30. En el salón hay *sillas, un sofá, una tele...*
31. Llevo en el bolso *un peine, una colonia, las llaves...*
32. En la fiesta hubo *risas, música, luces, abrazos...*
33. Sobre la mesa dejó *papeles, fotos, cartas antiguas...*
34. Los domingos voy *al parque, camino por el monte...*
35. En aquel curso estaban *Enrique, Josué, Nati, Alejandra...*
36. Tengo los bolsillos llenos de *caramelos, monedas, cromos...*
37. En la fiesta había *música, risas, comida, baile...*

# OTRAS NORMAS DE PUNTUACIÓN
## Solo profesorado

En este último apartado se incluyen los usos más comunes de los signos de puntuación (el punto, la coma, el punto y coma, los dos puntos, los paréntesis, los corchetes, la raya, las comillas, los signos de interrogación y exclamación y los puntos suspensivos), así como algunos de los signos auxiliares (el guion y la barra). Esta normativa, por su extensión, resulta excesiva para ser estudiada a edades tempranas; su objetivo principal es ofrecer exclusivamente al profesorado un conocimiento más amplio sobre el tema. Veamos a continuación los usos más frecuentes de los diferentes signos de puntuación.

## PUNTO

**USOS DEL PUNTO**

**Se utiliza el punto:**

**1. Para indicar el final de un enunciado (punto y seguido), de un párrafo (punto y aparte) o de un texto (punto final; no es correcto «punto y final») (págs. 88-89):**

> *Este fin de semana limpiaremos toda la casa.*

**2. Para indicar orden en las enumeraciones en forma de lista:**

> *Clasificación de los estados de la materia:*
> a. *sólido*
> b. *líquido*
> c. *gaseoso*

**3. Para marcar las abreviaturas:**

> *art. (artículo), D. (don), Dña./D.ª (doña), etc. (etcétera), p./pág. (página)...*

Después del punto de las abreviaturas se pueden colocar otros signos, excepto otro punto. No obstante, si coincide el punto de una abreviatura con los puntos suspensivos, se escriben cuatro puntos:

> *Entre las abreviaturas más usadas están Dña., etc., Sr....*

Conviene distinguir las abreviaturas de los símbolos. Los símbolos (usados generalmente en el ámbito científico-técnico) no llevan punto ni varían en el plural:

> *A las 20 h tiene su llegada el tren; Un árbol de 15 m cayó en la carretera.*

Sin embargo, si el símbolo coincide con el final del enunciado, se colocará el punto.

> *El tren procedente de Murcia tiene su llegada a las 20 h.*
> *Ayer se derrumbó un edificio de 60 m.*

## Información adicional

• **El punto debe colocarse siempre después, y no antes, del paréntesis, la raya, el corchete o las comillas de cierre:**

> *Esta foto es de Madrid (eso me comentó mi abuelo).*
> *Quiero pintar tu cara —dijo Manuel—. Después me haré un autorretrato.*
> *Dice el refrán: «No hay mal que por bien no venga».*

• **No se escribe punto:**

— En las secuencias breves cuando se presentan aisladas en un renglón (títulos, subtítulos y capítulos de libros, obras de arte, índices, eslóganes publicitarios, pies de imagen, conceptos cortos enmarcados en tablas...):

> Eslogan: *Hecho para durar*
> Obra de arte: *El caballero de la mano en el pecho*
> Capítulo de un libro: *La niña chica*
> Pie de imagen: *Paisaje de Valencia visto desde el aire*

— Para separar números de más de cuatro cifras (como se ha venido haciendo en España tradicionalmente). En este caso, se agruparán las cifras de tres en tres, empezando por la derecha, y se dejará entre estos bloques un pequeño espacio en blanco:

> *43 987 (cuarenta y tres mil novecientos ochenta y siete)*

En cambio, los números de cuatro cifras no suelen separarse, ya que su lectura resulta fácil:

> *8987 (ocho mil novecientos ochenta y siete)*

En cuanto a los decimales, se marcarán con punto o con coma; en algunos lugares se utilizará el punto y en otros, como en España, la coma:

> *2.876 o 2,876 = dos con/y ochocientos setenta y seis.*

— Detrás de interrogaciones, exclamaciones o puntos suspensivos, aunque finalicen un enunciado:

> *¿Dónde has dejado tu mochila?*
> *¿Cómo se llama tu gata?*
> *¡Déjame en paz!*
> *No creo que sea así...*

## USOS DE LA COMA

**Se utiliza la coma:**

**1. Para separar las palabras que forman una lista o enumeración (págs. 90-91):**

> *Tengo un lápiz, un bolígrafo, una goma y un cuaderno de anillas.*
> *Juego al tenis, practico la natación, voy al cine, salgo con mis amigos y paseo.*

**2. Para aislar los incisos que aportan precisiones a lo dicho (págs. 94-96):**

> *Alfonso, el profesor de matemáticas, es muy buena persona.*
> *Mi hermana, la que es mayor que yo, es muy responsable.*

Se consideran también como incisos las expresiones denominadas conectores del discurso: *además, asimismo, ahora bien, por el contrario, sin embargo, en realidad, por ejemplo, por último, es decir, por consiguiente, no obstante, por otra parte, o sea, mejor dicho, en resumen, por cierto, en otras palabras, a mi entender, en cierto modo...* Si estas expresiones figuran al principio o al final de un enunciado, solo necesitarán una coma para poder ser aisladas:

> *Todo el mundo, por cierto, ya lo sabía.*
> *Por cierto, todo el mundo ya lo sabía.*
> *Todo el mundo ya lo sabía, por cierto.*

**3. Para aislar los vocativos que se usan para llamar o nombrar a la persona o personas a las que nos dirigimos (págs. 94-96):**

> *Raúl, no corras aquí; No corras, Raúl, aquí; No corras aquí, Raúl.*

**4. Entre las oraciones que expresan dos ideas contrapuestas mediante los nexos *pero, mas, sino, aunque...* (págs. 100-101):**

> *No quiero que te vayas, pero tendrás que hacerlo.*
> *El plan era muy sencillo, pero se complicó.*

**5. Para aislar, en ciertos casos, complementos circunstanciales antepuestos:**

Los complementos circunstanciales que van después del verbo no llevan comas; pero estos complementos pueden delimitarse con coma cuando se anteponen al verbo. La mayoría de estas comas son opcionales; pero son recomendables:

— Cuando el complemento circunstancial es extenso:

> *Durante los primeros días de aquel frío mes de diciembre, llovió mucho.*
> *En una de las montañas más altas de Chile, cayó un avión.*

En cambio, si el complemento circunstancial es breve, es preferible no ponerla:

> *Ayer llovió sin parar.*
> *En Chile cayó un avión.*

— Cuando es un complemento (generalmente de lugar o tiempo) que, aunque sea corto, enmarca todo el enunciado:

> *En Europa, la costumbre de saludar a los vecinos se ha perdido.*
> *En 2010, España fue campeona mundial de fútbol.*

**6. En las denominadas construcciones absolutas de participio y gerundio.** Se deben aislar estas construcciones con comas para mostrar que funcionan como un comentario o inciso, y que no están integradas en la oración principal:

> *Pasadas unas horas, salieron por fin de la casa.*
> *Habiendo finalizado el pianista, el público abandonó la sala.*
> *Mis amigas, cogiendo el bolso con rabia, se marcharon de la fiesta.*

**7. Para aislar las construcciones causales (aquellas que expresan la causa de que ocurra lo enunciado en la oración principal).** Pueden ir introducidas por la conjunción *porque* o similares (*pues, ya que, puesto que, a causa de que...*).

> *Decidí no comprar el coche, ya que el precio era demasiado alto.*

Ahora bien, la palabra *porque* tiene sus particularidades: llevará coma delante cuando la secuencia causal introducida por ella no indica la causa real, sino que responde a las preguntas *¿por qué lo infiero o digo?* o *¿en qué me baso para inferirlo o decirlo?*:

> *Me ha vuelto a mentir, porque ha bajado la cabeza.*

En cambio, no irá precedida de coma cuando la secuencia causal indica la causa real de lo enunciado en la oración principal. En este caso, la secuencia causal responde a la pregunta *¿por qué?*:

> *El césped está húmedo porque ha llovido.*

**8. Para aislar las construcciones finales (aquellas que expresan la finalidad con que se realiza o afirma lo enunciado en la oración principal) cuando la construcción final está antepuesta.** No obstante, se suele omitir la coma si el enunciado es breve:

> *Para aprender a dibujar como un buen artista, necesitas practicar.*
> *Para dibujar bien necesitas practicar.*

Si la construcción final va pospuesta solo llevará coma cuando no expresa la finalidad real, sino el objetivo que se propone al enunciar la oración. Responde a las preguntas *¿para qué lo digo?* o *¿con qué intención lo digo?*:

> *Es bueno hacer deporte, para que te enteres.*

En cambio, no llevará coma cuando expresa la finalidad real. Responde a las preguntas *¿para qué?* o *¿a qué?*:

> *Operaron al paciente para salvarle la vida.*

**9. Para aislar las construcciones condicionales (aquellas oraciones que expresan la condición que debe cumplirse para llevar a cabo lo dicho en la oración principal) cuando están antepuestas.** Suelen ir introducidas por la conjunción *si* o similares:

> *Si viajas a Madrid durante los próximos meses, quiero que vengas a visitarme.*

Cuando estas construcciones condicionales son breves, suele suprimirse la coma:

> *Si vienes iré contigo.*

**10. Para aislar, en algunos casos, las construcciones concesivas (aquellas que expresan un impedimento a pesar del cual se realiza lo expresado en la oración principal).** Suelen estar introducidas por la conjunción *aunque* o similares. Si están al principio del enunciado, llevarán coma; pero si es breve la construcción, puede suprimirse:

> *Aunque no te hayas portado bien esta semana conmigo, quiero ser tu amigo.*
> *Aunque llueva no llevaré el abrigo.*

Si la palabra *aunque* está pospuesta al verbo principal lleva coma delante cuando se puede sustituir por *pero*:

> *Llegué pronto al colegio, aunque* (pero) *no fui de los primeros.*

En cambio, no llevará coma si es sustituible por *a pesar de que*:

> *Paramos un momento aunque* (a pesar de que) *teníamos mucha prisa.*

**11. En cartas y documentos, entre el lugar y la fecha; también se colocará una coma entre el día de la semana y el mes:**

> *Sotillo de la Adrada, 16 de enero de 2026; Sábado, 23 de agosto de 2025.*

**12. Para aislar interjecciones o expresiones interjectivas.** La interjección es una palabra que se emplea para mostrar sentimientos, impresiones, etc.: *ah, eh, bah, puaf, uf, caramba, vaya, oh, olé, epa, cielos, hombre, arrea, venga, bravo, claro, hola, adiós, cuidado, ánimo, lástima, maldición, ojo, arre, ajá, ay*... Las expresiones interjectivas tienen la misma función que las interjecciones, pero están formadas por dos o más palabras: *ahí va, cómo no, en fin, hasta luego*...

Debe ponerse coma antes y después de las interjecciones o locuciones interjectivas. Si están al principio o al final del enunciado, bastará una sola coma. En ciertas circunstancias, los signos para enmarcar las interjecciones son opcionales.

> *Bah, no le hagas caso; Vamos, arrea, que pierdes el tren; No vino, ¡maldición!*

**13. Para aislar los apéndices confirmativos.** Los apéndices confirmativos son expresiones interrogativas que cierran algunos enunciados para recalcar lo dicho con anterioridad. Se usa coma para separar el apéndice confirmativo del resto del enunciado.

> *Supongo que lo habrás entendido, ¿eh?*
> *Compartiremos nuestras meriendas, ¿vale?*

**14. Delante de *sino* en la construcción *no solo..., sino:***

> *No solo es buen estudiante, sino también buen deportista.*

**15. Para separar los dos bloques en las construcciones encabezadas por *bien..., bien...; ya..., ya...; sea..., sea...*** La coma delante del primer bloque es opcional:

> *Mis compañeros(,) bien jugaban, bien descansaban.*
> *El bebé(,) ya ríe, ya llora.*

**16. Delante de *como* cuando sirve para citar un ejemplo:**

> *Me gustan mucho algunos animales, como los perros y los gatos.*

**17. En las despedidas de las cartas o documentos si no hay verbo:**

> *Atentamente,*
> *José Luis*

**18. Para ocupar el lugar de un verbo que se ha suprimido porque se sobreentiende:**

> *Su hermana Cecilia es alta; su hermano Juan, muy bajo.*

**19. Delante de la palabra que se acaba de mencionar cuando se repite para decir algo sobre ella:**

> *Ayer compré un traje, traje que resultó bastante caro.*

**20. En secuencias introducidas por la conjunción *y*:**

— Cuando la conjunción *y* no introduce un elemento más de la enumeración, sino un elemento distinto:

> *El perro daba grandes brincos, saltaba, corría, y yo lo miraba feliz.*

— Cuando antes de la *y* hay un inciso marcado por comas:

> *Mi hermano, que es mayor que yo, y mi primo me ayudaron.*

— Cuando la *y* equivale a *pero*:

> *Queríamos ir al baile, y al final no pudimos.* [= *pero al final no pudimos*].

— Cuando la *y* une dos secuencias con sujetos distintos y la primera secuencia es extensa (esta coma es opcional):

*Nosotros* [sujeto 1] *iremos este año de vacaciones con mis tíos a Portugal,* y *mi hermano* [sujeto 2] *se quedará trabajando.*

— Cuando en una enumeración ya existen elementos introducidos por *y, o,* pero se quiere dar más énfasis a lo dicho (esta coma es opcional):

*Lloraban sus amigos, y sus padres, y sus abuelos, y hasta el perro.*

— Cuando es necesario para interpretar correctamente el enunciado:

*Comemos cocido, y paella los lunes.* [= solo comen paella los lunes].
*Comemos cocido y paella los lunes.* [= los lunes comen las dos cosas: cocido y paella].

— Cuando *y* introduce el último elemento de una enumeración cuyos elementos anteriores ya estaban separados con punto y coma. En este caso también sería correcto encabezar el último elemento con un punto y coma:

*Limpiaron la casa, que estaba muy sucia; decoraron, utilizando carteles, las paredes; llenaron la mesa de dulces,*(;) *y se fueron.*

### Información adicional

● **La coma no puede aparecer junto con el punto (excepto el punto de las abreviaturas), el punto y coma o los dos puntos.** Cuando aparezca tras el paréntesis, la raya o las comillas de cierre, lo hará detrás de los signos:

*No puedo acompañarte (ni quiero), pero no irás solo.*
*Salí del cine con Claudia —una buena amiga—, que después desapareció.*

● **No se escribirá coma:**

— Entre el sujeto y el verbo, aunque el sujeto sea muy largo o esté compuesto de diferentes elementos:

*El libro de cuentos que me regalaste el año pasado en Navidad me ha encantado.*
*Mis padres, mis tíos, Ángel, Jaime y María Luisa fueron de excursión.*

Son excepciones a esta regla las siguientes:

◦ Cuando después del sujeto se abre un inciso:

*El jarrón, que ya estaba roto, se volvió a caer.*

◦ Cuando el sujeto es una enumeración que finaliza con etcétera o etc.:

*Los tomates, los pimientos, la lechuga, etc., son vegetales.*

◦ Cuando el sujeto está unido por *bien…, bien; sea…, sea,* etc.:

*Este gato, sea tumbado, sea sentado, siempre está atento.*

116

— En la repetición de palabras:

> *Me gusta el queso queso.*

— Después de las formas de saludo en cartas, correos, mensajes y documentos no se escribe coma, sino dos puntos:

> *Querida Carla:*

— Delante del segundo elemento en las construcciones *más... que, tanto (tan)... que, tanto (tan)... como*:

> *Mi perro es tan grande como el tuyo.*

— Con la construcción *ni... ni* cuando enfrenta dos elementos que contrastan (*ni gordo ni flaco*). En el resto de casos se puede omitir o escribir (con coma, más énfasis):

> *No acudieron a la ceremonia ni sus amigos ni sus abuelos; No acudieron a la ceremonia ni sus amigos, ni sus abuelos.*

# ▬ PUNTO Y COMA

## USOS DEL PUNTO Y COMA

**Se utiliza el punto y coma:**

**1. Entre las oraciones que expresan dos ideas contrapuestas mediante los nexos *pero, mas, sino...* cuando lo que se dice antes del nexo tiene cierta longitud y, especialmente, si lleva comas internas (págs. 100-101):**

> *Ángel y su hermano, José María, no asistieron durante mucho tiempo al colegio; pero sus amigos los recordaban con cariño.*

**2. Para sustituir el punto entre enunciados cuando exista una fuerte relación entre ellos, y, sobre todo, si alguno contiene comas:**

> *Los jugadores, acabado el partido, salieron del campo; algunos iban llorando.*

**3. Para separar los elementos de una lista o enumeración, especialmente si estos elementos ya tienen comas:**

> *Entraréis en el teatro por orden: primero, los más pequeños; después, los de quinto curso; a continuación, los de sexto, y, finalmente, el resto.*

**4. Excepcionalmente, en obras de contenido lingüístico, se permite separar oraciones con punto y coma. En este caso, se suprimirá el punto al final de enunciado:**

> *Véanse algunos ejemplos de complementos circunstanciales: Llegamos por la tarde; Cenamos en un restaurante; A las once volvimos a casa.*

### Información adicional

● **El punto y coma (en plural, los punto y coma) no puede colocarse junto al punto, la coma ni los dos puntos.** Sin embargo, puede ir detrás de los puntos suspensivos, las comillas, las rayas, los paréntesis, los signos de interrogación y exclamación, así como detrás del punto de una abreviatura:

> *Recorrimos Galicia, Asturias, Navarra, parte de Aragón, Cataluña...; pero cuando llegamos a Valencia se nos averió el coche.*

# INTERROGACIÓN Y EXCLAMACIÓN

## USOS DE LOS SIGNOS DE INTERROGACIÓN Y EXCLAMACIÓN

**Se utilizan los signos de interrogación y exclamación:**

**1. Para realizar preguntas directas o exclamaciones (págs. 92-93):**

> *¿Por qué no viniste con nosotros ayer?*
> *¡Estate quieto, caray!*

**2. Para expresar duda (?) o sorpresa (!).** En este caso, se utilizará solo el signo de cierre y se encerrará entre paréntesis:

> *Mis antepasados se trasladaron a Perú en 1738 (?).*
> *En el año 1345 (?) aparecieron los primeros restos del castillo.*
> *Dicen de Einstein que no obtenía buenas calificaciones en su etapa escolar (!).*

**3. Aunque no es habitual, se permite la repetición de los signos de exclamación para dar énfasis a lo dicho, sobre todo en textos informales o publicitarios:**

> *¡¡¡Sabe a gloria!!!*

### Información adicional

● **Los signos de interrogación y exclamación pueden aparecer al lado de cualquiera de los signos de puntuación, excepto junto al punto:**

> *¿Cómo te llamas?, ¿de dónde eres?, ¿cuántos años tienes?*
> *¡Apártate! —gritó enérgicamente el conductor.*
> *¿Lo sabes?... ¿O te lo tengo que repetir?*
> *Me has engañado (¡siempre igual!); tú nunca cambiarás.*

● **Generalmente, pueden omitirse estos signos en títulos de obras, capítulos de libro o epígrafes:**

> *Título de un libro: Cómo escribir sin faltas de ortografía*

## USOS DE LA RAYA

**Se utiliza la raya:**

**1. Para encabezar los diálogos (págs. 97-99):**

> *—Mañana te esperaré en mi casa.*
> *—Vale, allí estaré.*
> *—Pero llega puntual, por favor.*

**2. Para añadir un comentario del narrador (págs. 97-99):**

> *—Mañana te esperaré en mi casa —dijo Laura.*

**3. Para aislar incisos:**

> *Algunos historiadores afirman que en Brime de Sog —pequeño pueblo de la provincia de Zamora— se había cultivado lino hasta mediados del siglo xx.*

**4. Para introducir elementos de una lista escritos en líneas diferentes.** Si la enumeración se realiza en forma de lista en diferentes renglones, se comenzará con mayúscula cuando cada elemento de la lista forme un enunciado completo; en este caso, finalizará con punto:

> *Dependiendo del lugar que ocupe la sílaba tónica, las palabras pueden ser agudas, llanas, esdrújulas o sobresdrújulas:*
> *— Las palabras agudas son aquellas cuya última sílaba es tónica.*
> *— Las palabras llanas son aquellas cuya penúltima sílaba es tónica.*
> *— Las palabras esdrújulas son aquellas cuya antepenúltima sílaba es tónica.*
> *— Las palabras sobresdrújulas son aquellas cuya sílaba tónica es anterior a la antepenúltima.*

En cambio, si los diferentes elementos de una lista están formados por una o dos palabras, o no forman enunciados completos, cada elemento comenzará por letra minúscula y, generalmente, no llevará puntuación después de cada elemento:

> *Dependiendo del lugar que ocupa la sílaba tónica, las palabras pueden ser:*
> *— agudas*
> *— llanas*
> *— esdrújulas*
> *— sobresdrújulas*

No obstante, también es correcto, en estos casos, separar los elementos con una coma cuando no llegan a formar un enunciado completo (o con punto y coma si son más extensos). Si es así, el último elemento acabará con punto:

*Dependiendo del lugar que ocupa la sílaba tónica, las palabras pueden ser:*
*— agudas,*
*— llanas,*
*— esdrújulas,*
*— sobresdrújulas.*

## *Información adicional*

● **El punto, la coma, el punto y coma y los dos puntos se escribirán siempre detrás de la raya de cierre cuando la propia raya se utilice como signo doble:**

*Sé lo que es un centauro —híbrido de hombre y de caballo—; pero no sabía que lanzaba flechas con sus potentes brazos.*

# GUION

## USOS DEL GUION

### Se utiliza el guion:

**1. Para dividir una palabra cuando, por necesidades de espacio, se ha de cambiar de línea (págs. 102-103):**

*pea-/tón*
*incó-/modo*

**2. Para relacionar dos palabras:**

*He asistido a un curso teórico-práctico sobre primeros auxilios.*

**3. Para unir nombres propios compuestos, donde el segundo de los nombres pudiera confundirse con un apellido:**

*Víctor-Vicente García*

**4. Para unir un apellido compuesto:**

*Gonzalo Pérez-Juárez Gómez*

**5. Para separar sílabas.** Con este fin, se dejará un espacio fino entre el guion y las sílabas. También es correcto separar las sílabas mediante puntos (sin espacios).

*or - de - na – dor; or.de.na.dor*

## *Información adicional*

● **Se recomienda no usar el guion de final de línea con palabras extranjeras no adaptadas al español.**

## USOS DE LOS DOS PUNTOS

### Se utilizan los dos puntos:

**1. Para introducir una cita textual en la que se repiten las palabras exactas de otra persona (págs. 104-106).** La cita comenzará con letra mayúscula:

> *Ya lo dijo Descartes: «Pienso, luego existo».*

Si la cita textual comienza con puntos suspensivos, se escribirá letra minúscula tras los dos puntos:

> *El cantante finalizó su actuación diciendo: «...y esto es todo».*

**2. En los diálogos, detrás de verbos de lengua como *responder, decir, preguntar, explicar, contestar...* (págs. 104-106):**

> *El alcalde dijo:*
> *—Haremos un puente nuevo sobre la vía del tren.*

**3. Para anunciar una lista o enumeración (págs. 104-106):**

> *La biblioteca se divide en zonas: zona infantil, zona juvenil y zona de adultos.*

Si la lista está compuesta por enunciados completos escritos en líneas independientes (y, especialmente, si llevan puntuación interna), se escribirá letra mayúscula después de los dos puntos, y cada elemento se cerrará con un punto. En estos casos, los diferentes elementos de la lista suelen ir precedidos por una raya u otro signo equivalente:

> *Durante la mañana del martes:*
> *— Montaremos las tiendas de campaña y dejaremos allí el equipaje.*
> *— Realizaremos una caminata, si el tiempo lo permite, por el bosque.*
> *— Antes de comer, nos bañaremos en el mar.*

Si los elementos de la lista no son enunciados de cierta extensión, sino que están formados por una palabra o por un grupo sintáctico breve, se escribirá minúscula tras los dos puntos. Si es así, se separarán los elementos con comas, o no se utilizará puntuación:

> *Tenéis que meter en la mochila:*     *Tenéis que meter en la mochila:*
> *— un impermeable,*                *— un impermeable*
> *— una bufanda,*                   *— una bufanda*
> *— calzado deportivo.*           *— calzado deportivo*

Por otra parte, se reservará el uso del punto y coma para separar elementos más complejos que una lista de palabras, pero cuyos enunciados tampoco resulten completos. En estas circunstancias, se escribirá minúscula tras los dos puntos:

*En el parque no está permitido:*
*— colgarse de los árboles;*
*— arrojar piedras;*
*— utilizar botellas de cristal.*

**4. Después de una enumeración, para dar paso al concepto que engloba a los elementos citados:**

*La naturaleza, la alimentación y el respeto por los demás: mis principios.*

**5. Para unir dos oraciones relacionadas entre sí que muestran conclusión, causa-efecto, explicación u oposición con respecto a una oración anterior:**

— Conclusión o consecuencia: *Hace mucho frío y no podemos salir de casa: nos aburriremos.*
— Causa-efecto: *Este año no ha llovido: la cosecha será escasa.*
— Explicación de la oración anterior: *El avión es mi medio de transporte favorito: es rápido y seguro.*
— Oposición: *Paula no es mi amiga: es mi rival.*

**6. Detrás de un epígrafe cuya explicación sigue en la misma línea.** En este caso, se comenzará con letra mayúscula:

*Arte gótico: Es la denominación dada al estilo artístico que se extendió...*

**7. Como anunciador de ejemplos:**

*Los vocativos sirven para llamar o invocar a una persona: Ana, levántate ya.*

**8. Detrás del saludo de las cartas. También en textos oficiales, detrás de EXPONE, SOLICITA, CERTIFICA...:**

*CERTIFICA:*
*Que la alumna Ana Rodríguez Rodríguez se encuentra matriculada...*

**9. Para separar las horas de los minutos:**

*El tren de las 15:25 llegará con retraso.*

## Información adicional

● **Los dos puntos no pueden aparecer junto a la coma, el punto y coma y el punto** (sí pueden aparecer junto al punto de la abreviatura):

*Sillas, mesas, armarios, etc.: todo estaba destrozado.*

● **Los dos puntos pueden concurrir con los signos de exclamación, interrogación, puntos suspensivos y con los cierres de comillas, paréntesis, corchetes o rayas:**

*El bombero gritó desde la escalera: «¡Salgan todos, por favor!».*

## USOS DE LOS PUNTOS SUSPENSIVOS

**Se utilizan los puntos suspensivos:**

**1. Para indicar suspense o expectación (págs. 107-109):**

> *Pensaba que eras... más espabilado.*

**2. Para dejar sin acabar una lista o enumeración (págs. 107-109):**

> *Compré en la tienda un abrigo, un sombrero, dos camisas...*
> *Sé hacer tortillas, guisar un pollo, freír patatas...*

**3. En las frases inacabadas, normalmente porque se supone que el lector conoce lo suprimido:**

> *Mi abuela decía que de tal palo...*

**4. Cuando, al copiar un texto, se suprime una parte.** En este caso, los puntos suspensivos irán entre corchetes o paréntesis y ocuparán el lugar de las palabras suprimidas:

> *«Al hijo de la lavandera le tiraban piedras los niños del administrador [...] Los niños del administrador silbaban cuando pasaba, y se reían mucho viendo sus piernas, que parecían dos estaquitas secas, de esas que se parten con el calor, dando un chasquido» (Ana María Matute).*

**5. Para sustituir palabras o expresiones malsonantes:**

> *«¡M...!», dijo el profesor enfadado.*
> *¡No sé qué c... haces aquí!*

**6. Para indicar silencio en un diálogo:**

> *A las cuatro de la noche sonó el teléfono:*
> *—¿Quién es?*
> *—...*
> *Le estoy preguntando quién es.*
> *—...*

### *Información adicional*

● **Los puntos suspensivos pueden concurrir con otros signos de puntuación (la coma, el punto y coma y los dos puntos); pero son incompatibles con el punto (excepto el punto de una abreviatura):**

> *—¡Uy!... ¡Me has asustado!*
> *Las abreviaturas más usadas en la lengua castellana son D., Sr....*

## USOS DE LOS PARÉNTESIS

### Se utilizan los paréntesis:

**1. Para realizar alguna aclaración dentro de un mismo enunciado.** También se pueden emplear con este fin las comas o las rayas.

Los incisos o aclaraciones entre paréntesis reflejan un mayor aislamiento respecto al resto del texto; las rayas suponen un aislamiento intermedio, y las comas reflejan un aislamiento menor:

> *Mi novio (el actual, no el primero) quiere presentarte a un amigo.*
> *Vicente Aleixandre (Premio Nobel de Literatura en 1977) nació en Sevilla.*

**2. Para aislar elementos como fechas, lugares, el desarrollo de una sigla, el nombre de un autor, etc.:**

> — Fechas: *Su año de nacimiento (1969) fue muy caluroso.*
> — Lugares: *Mi amigo Antonio nació en Macotera (Salamanca).*
> — Desarrollo de siglas: *Estamos en la ONU (Organización de las Naciones Unidas).*
> — Nombre de un autor: *«Encuentro la televisión muy educativa. Cada vez que alguien la enciende, me retiro a otra habitación y leo un libro» (Groucho Marx).*

**3. Para presentar otras opciones** (valor similar a la barra; siempre sin espacios):

> *niños(as) = niños/as*
> *mucho(a) = mucho/a*
> *elefante(s) = elefante/s*
> *guapo(a) = guapo/a*

### *Información adicional*

● **Nunca se escribe un punto (excepto el punto de una sigla), punto y coma ni dos puntos delante de un paréntesis de cierre.** Sí pueden aparecer delante de un paréntesis de cierre la interrogación, la exclamación, la raya o las comillas:

> *Yo no lo sabía (¡ni falta que hacía!), pero no quise decirle la verdad.*

● **Un signo ortográfico similar a los paréntesis son los corchetes ([ ]).** Ambos signos se han de escribir pegados al primer y al último carácter que enmarcan, y separados por un espacio del elemento que va antes o después de ellos. Los corchetes se suelen usar cuando en un enunciado que ya va entre paréntesis se introduce un inciso:

> *La teoría de la evolución (formulada en el siglo XIX [especialmente a partir de 1859]) revolucionó la biología moderna.*

**USOS DE LAS COMILLAS**: angulares, latinas o españolas [« »]; inglesas [" "]; simples [' ']

## Se utilizan las comillas:

**1. Para reproducir las palabras exactas que ha dicho alguien:**

> *«Hay una fuerza más poderosa que el vapor, la electricidad y la energía atómica: la voluntad» (Einstein).* El punto se escribe después del paréntesis de cierre que enmarca al autor de la cita, no tras las comillas.

**2. Cuando se quiere llamar la atención sobre alguna palabra, o cuando se escribe una palabra en otro idioma:**

> *Me encanta el «dancing».*

**3. Para remarcar palabras que se quieren utilizar con un sentido especial:**

> *Ya me dijo tu novia que eras «la leche».*

**4. Para enmarcar títulos:**

> *«La rendición de Breda» y «La Venus del espejo» son obras de Velázquez.*

**5. Para acotar diálogos dentro de un párrafo.** En este caso, el comentario del narrador se aislará con comas:

> *Se oyó un fuerte estruendo. «¿Quiénes son?», preguntó mi madre.*

En cambio, si el personaje sigue hablando se recomienda delimitar el comentario entre rayas y cerrar las comillas al final:

> *Se oyó un fuerte estruendo. «¿Quiénes son? —preguntó mi madre—. A ver si vienen a darnos un susto».*

## *Información adicional*

● **El punto, el punto y coma, la coma y los dos puntos se escriben siempre detrás de las comillas de cierre. El paréntesis, la raya y los signos de interrogación y exclamación pueden aparecer antes o después de las comillas, según correspondan al texto citado o al texto principal:**

> *Ana, en medio de la multitud, dijo: «Estoy harta de ti».*
> *Ana, en medio de la multitud, gritó: «¡Estoy harta de ti!».*

● **Cuando en un mismo enunciado coincidan varios elementos entrecomillados, las comillas se dispondrán jerárquicamente de este modo: latinas, inglesas y simples:**

> *«Mi amigo Alfredo dijo: "Vaya 'leche' me he pegado con la bici"».*

## USO DE LA BARRA

**Se utiliza la barra:**

**1. Para separar los versos cuando un poema se escribe en línea seguida. Las estrofas, en cambio, se separarán con una doble barra; en ambos casos se dejará un espacio fino antes y después de la barra:**

*Con diez cañones por banda, / viento en popa a toda vela, / no corta el mar, sino vuela / un velero bergantín; // bajel pirata que llaman, / por su bravura, el Temido, / en todo mar conocido / del uno al otro confín. // La luna en el mar riela, / en la lona gime el viento / y alza en blando movimiento / olas de plata y azul; // y va el capitán pirata, / cantando alegre en la popa, / Asia a un lado, al otro Europa, / y allá a su frente Estambul.*

**2. Para sustituir el punto en algunas abreviaturas.**

> *c/ (calle)*
> *c/c (cuenta corriente)*

La barra se colocará sin espacio entre la letra anterior y la posterior.

**3. Para separar en las fechas las cifras que representan el día, el mes y el año:**

> *6/4/1954*

**4. Para indicar dos o más opciones posibles.** Se escribe sin espacio antes y después de la barra, tanto en el caso de separar morfemas como de relacionar palabras.

> — *Queridos/as niños/as*
> — *Entre las grafías kiosco/quiosco (ambas correctas), se recomienda la segunda.*

**5. En las obras lingüísticas para representar los fonemas:**

> *El fonema /b/ puede ser respresentado por tres letras distintas: b, v, w.*
> *El fonema /ch/ se representa con el dígrafo ch.*

### Información adicional

● **En informática se emplea la barra doble (//) para separar los subdominios de las direcciones electrónicas:**

> *https://www.rae.es*

● **En matemáticas se usa como signo de división y en la expresión de quebrados:**

> *20/4 (veinte dividido por cuatro)*
> *½ (un medio)*

# ANEXOS

# Anexo 1

## ESQUEMAS DE LAS REGLAS DE ORTOGRAFÍA

| 1<br>**r-** | 2<br>**-rr-** | 3<br>**gue**<br>**gui** | 4<br>**que**<br>**qui** | 5<br>**ce**<br>**ci** |
|---|---|---|---|---|
| 6<br>**bl** | 7<br>**br** | 8<br>**mb** | 9<br>**mp** | 10<br>**hie-** |
| 11<br>**hue-** | 12<br>**-illo**<br>**-illa** | REGLAS<br>DE<br>ORTOGRAFÍA | 13<br>**-tivo**<br>**-tiva** | 14<br>**eje-** |
| 15<br>**-aje** | 16<br>**gen** | 17<br>**-d/des** | 18<br>**-z/ces** | 19<br>**ha/han** |
| 20<br>**-aba**<br>[verbos] | 21<br>**nr**<br>**lr**<br>**sr** | 22<br>**güe**<br>**güi** | 23<br>**-ger**<br>**-gir**<br>[verbos] | 24<br>**cc/ct** |

1. rosa
2. carro
3. jugué, guitarra
4. **que**so, aquí
5. **cerilla, ácido**
6. hablar
7. abril
8. hombre
9. campo
10. hielo
11. **hue**so
12. amarillo/a
• 
13. activo/a
14. ejército
15. equipaje
16. agenda
17. ciudad
18. actriz
19. **ha** salido
20. jugaba
21. honra
22. cigüeña, agüita
23. coger, rugir
24. dirección

# Anexo 2 VOCABULARIO DE ERRORES FRECUENTES

| | NIVEL 1 | | | 19 | | b | oca |
|---|---|---|---|---|---|---|---|
| | B/V | | | 20 | | v | ino |
| 1 | | v | a | 21 | a | b | ajo |
| 2 | a | v | e | 22 | ár | b | ol |
| 3 | | v | en | 23 | a | v | ión |
| 4 | i | b | a *solo* | 24 | | b | ailar |
| 5 | | v | er | 25 | | b | ajar |
| 6 | | v | ez | 26 | | b | ella |
| 7 | | v | oy | 27 | | b | anco |
| 8 | | v | oz | 28 | | v | enir |
| 9 | | b | ajo | 29 | | b | eber |
| 10 | | b | ien | 30 | | b | alón |
| 11 | tu | v | e | 31 | | b | esar |
| 12 | | v | ida | 32 | | b | olsa |
| 13 | hu | b | o | 33 | *por* fa | v | or |
| 14 | pa | v | o | 34 | | b | ueno |
| 15 | ra | b | o | 35 | jo | v | en |
| 16 | | v | ela | 36 | de | b | er |
| 17 | | v | aso | 37 | nie | v | e |
| 18 | | b | ase | 38 | glo | b | o |

| | | | | | | |
|---|---|---|---|---|---|---|
| 39 | | **v** ista | 63 | | **b** uscar |
| 40 | ha | **b** ía | 64 | | **v** einte |
| 41 | ha | **b** rá | 65 | di | **b** ujo |
| 42 | hue | **v** o | 66 | esta | **b** a |
| 43 | ca | **b** er | 67 | | **b** onito |
| 44 | lle | **v** ar | 68 | | **v** erano |
| 45 | mo | **v** er | 69 | hom | **b** re |
| 46 | bom | **b** a | 70 | jue | **v** es |
| 47 | nue | **v** e | 71 | octa | **v** o |
| 48 | sa | **b** er | 72 | sá | **b** ado |
| 49 | ser | **v** ir | 73 | | **v** arios |
| 50 | | **v** iaje | 74 | ca | **b** eza |
| 51 | | **b** arco | 75 | | **v** ender |
| 52 | | **v** estir | 76 | ha | **b** lar |
| 53 | su | **b** ir | 77 | | **v** olver |
| 54 | | **v** iejo | 78 | | **v** uelta |
| 55 | *la pelota* | **b** ota | 79 | | **b** añarse |
| 56 | vi | **v** ir | 80 | ca | **b** allo |
| 57 | a | **b** uelo | 81 | di | **v** idir |
| 58 | andu | **v** o | 82 | tam | **b** ién |
| 59 | arri | **b** a | 83 | toda | **v** ía |
| 60 | | **b** alcón | 84 | | **v** entana |
| 61 | estu | **v** e | 85 | | **v** uestro |
| 62 | | **b** osque | 86 | | **b** astante |

| 87 | in **v** ierno | 109 | ha **-** ido |
|----|-----------|-----|-----------|
| 88 | escri **b** ir | 110 | **h** an sido |
| 89 | le **v** antar | 111 | **-** era |
| 90 | tra **b** ajar | 112 | **h** oy |
| 91 | **v** osotros | 113 | **h** ay *pan* |
| 92 | **b** icicleta | 114 | **h** ada |

**G/J**

| 93 | co **j** o | 115 | **h** ice |
|----|-----------|-----|-----------|
| 94 | **j** efe | 116 | **-** error |
| 95 | án **g** el | 117 | **-** oye |
| 96 | tra **j** e | 118 | **h** ijo |
| 97 | **g** ente | 119 | **-** allí |
| 98 | mu **j** er | 120 | **h** izo |
| 99 | co **g** er | 121 | **-** iban |
| 100 | li **g** ero | 122 | **h** oja |
| 101 | pá **g** ina | 123 | **-** ayer |
| 102 | agu **j** ero | 124 | *es* **h** ora |
| 103 | cole **g** io | 125 | **h** ubo |
| 104 | di **j** eron | 126 | **h** acía *frío* |
| 105 | e **j** emplo | 127 | **-** echar |
| 106 | reco **g** er | 128 | **h** acer |

**H/sin H**

| 107 | *gritó* **-** ¡ay! | 129 | *fueron* **h** acia *allí* |
|-----|-----------|-----|-----------|
| 108 | a **h** í *está* | 130 | *llegó* **h** asta *aquí* |
| | | 131 | **-** abrir |
| | | 132 | he **h** echo |

131

| | | | | | |
|---|---|---|---|---|---|
| 133 | **-** echo *agua* | 156 | pla **y** a | | |
| 134 | **h** ablar | 157 | aque **ll** a | | |
| 135 | **h** uir | 158 | caba **ll** o | | |
| 136 | **h** a escrito | 159 | estre **ll** a | | |
| 137 | **h** ambre | | **I/Y** | | |
| 138 | **h** erida | 160 | *gritó* ¡a **y** ! | | |
| 139 | **h** ombre | 161 | o **í** *voces* | | |
| 140 | **-** invierno | 162 | do **y** | | |
| 141 | **h** ermano | 163 | **h** ay *pan* | | |
| 142 | **h** istoria | 164 | *me* re **í** *mucho* | | |
| | **LL/Y** | 165 | ho **y** | | |
| 143 | **y** a | 166 | mu **y** | | |
| 144 | **y** o | 167 | *el* re **y** *reina* | | |
| 145 | e **ll** a | 168 | ah **í** *está* | | |
| 146 | o **y** e | 169 | so **y** | | |
| 147 | a **ll** á | 170 | vo **y** | | |
| 148 | a **ll** í | 171 | esto **y** | | |
| 149 | a **y** er | | **NIVEL 2** | | |
| 150 | su **y** o | | **B/V** | | |
| 151 | tu **y** o | 1 | **v** ía | | |
| 152 | va **y** a *rápido* | 2 | a **b** eja | | |
| 153 | a **y** uda | 3 | o **v** eja | | |
| 154 | ca **ll** e | 4 | **v** erde | | |
| 155 | ma **y** or | 5 | gra **v** e | | |

| | | | | | |
|---|---|---|---|---|---|
| 6 | la **b** io | 30 | a **v** ispa |
| 7 | **v** olar | 31 | **b** arrio |
| 8 | la **v** ar | 32 | en **v** iar |
| 9 | lla **v** e | 33 | **v** idrio |
| 10 | ra **b** ia | 34 | cier **v** o |
| 11 | nue **v** o | 35 | di **v** ino |
| 12 | ál **b** um | 36 | ele **v** ar |
| 13 | pol **v** o | 37 | **b** orrar |
| 14 | ne **v** ar | 38 | e **v** itar |
| 15 | **v** iolar | 39 | fút **b** ol |
| 16 | sel **v** a | 40 | llu **v** ia |
| 17 | sua **v** e | 41 | moti **v** o |
| 18 | **v** acío | 42 | ta **b** aco |
| 19 | **v** alle | 43 | **v** ecino |
| 20 | ro **b** ar | 44 | **v** encer |
| 21 | **v** alor | 45 | **v** eneno |
| 22 | **v** arón | 46 | cam **b** iar |
| 23 | ver **b** o | 47 | **v** iento |
| 24 | dé **b** il | 48 | vuel **v** e |
| 25 | **v** iene | 49 | apro **b** ar |
| 26 | **v** iudo | 50 | ár **b** itro |
| 27 | **v** apor | 51 | **b** andera |
| 28 | a **v** isar | 52 | **b** atalla |
| 29 | prue **b** a | 53 | **b** oletín |

| | | | | |
|---|---|---|---|---|
| 54 | de **b** eres | 78 | ju **v** entud |
| 55 | en **v** idia | 79 | vi **v** ienda |
| 56 | escla **v** o | 80 | a **b** andonar |
| 57 | exca **v** ar | 81 | **b** iografía |
| 58 | li **b** ertad | 82 | acti **v** idad |
| 59 | na **v** egar | 83 | automó **v** il |
| 60 | Na **v** idad | 84 | di **v** ertido |
| 61 | **v** igilar | 85 | no **v** iembre |
| 62 | reci **b** ir | 86 | prima **v** era |
| 63 | re **v** isar | 87 | adi **v** inanza |
| 64 | re **v** ista | 88 | entre **v** ista |
| 65 | sal **v** aje | 89 | ser **v** illeta |
| 66 | **v** alioso | 90 | **v** acaciones |
| 67 | ol **v** idar | 91 | **v** otaciones |
| 68 | **v** isitar | | **C/CC/Z** |
| 69 | a **b** urrido | 92 | le **cc** ión |
| 70 | am **b** iente | 93 | solu **c** ión |
| 71 | a **v** entura | 94 | dire **cc** ión |
| 72 | **b** anquete | 95 | reda **cc** ión |
| 73 | cu **b** ierto | 96 | cru **c** e |
| 74 | de **v** olver | 97 | na **z** is |
| 75 | di **v** isión | 98 | empe **c** é |
| 76 | go **b** ierno | 99 | difí **c** il |
| 77 | in **v** entar | 100 | fá **c** il |

| | | |
|---|---|---|
| 101 | **z** | igzag |
| 102 | ejer **c** | icio |
| 103 | a **cc** | ión |
| 104 | actua **c** | ión |
| 105 | cole **cc** | ión |
| 106 | ele **cc** | iones |

## G/J

| | | |
|---|---|---|
| 107 | de **j** | é |
| 108 | **g** | enio |
| 109 | **g** | irar |
| 110 | ele **g** | ir |
| 111 | **g** | énero |
| 112 | **g** | itano |
| 113 | **j** | inete |
| 114 | su **j** | eto |
| 115 | diri **g** | ir |
| 116 | esco **g** | er |
| 117 | **g** | igante |
| 118 | **g** | eneral |
| 119 | hi **g** | iene |
| 120 | ur **g** | ente |
| 121 | vi **g** | ilar |
| 122 | con **j** | unto |
| 123 | ima **g** | inar |

## H/sin H

| | | | |
|---|---|---|---|
| 124 | | **-** | ir |
| 125 | | **h** | arto |
| 126 | | **h** | éroe |
| 127 | | **-** | usar |
| 128 | | **h** | ondo |
| 129 | *vamos* | **-** | a ver *fotos* |
| 130 | | **h** | ueco |
| 131 | | **h** | uevo |
| 132 | han | **-** | ido |
| 133 | | **h** | arina |
| 134 | | **h** | elado |
| 135 | | **-** | inflar |
| 136 | | **h** | ierba |
| 137 | | **-** | ermita |
| 138 | | **h** | orror |
| 139 | | **h** | ielo |
| 140 | | **h** | otel |
| 141 | a | **h** | orrar |
| 142 | | **h** | ervir |
| 143 | | **h** | ierro |
| 144 | ante | **-** | ayer |
| 145 | | **h** | uelga |
| 146 | | **h** | uerto |

| | | | | | | |
|---|---|---|---|---|---|---|
| 147 | - | oyó | | 170 | pi **ll** ar | |
| 148 | h | umano | | 171 | antea **y** er | |
| 149 | h | undir | | 172 | mue **ll** e | |
| 150 | - | iríamos | | 173 | meda **ll** a | |
| 151 | h | ermoso | | 174 | orgu **ll** o | |
| 152 | h | umilde | | 175 | po **ll** o *frito* | |
| 153 | h | ospital | | 176 | senci **ll** o | |
| 154 | h | abitante | | 177 | constru **y** eron | |

**LL/Y** (header row, left) · **M/N** (header row, right)

| | | |
|---|---|---|
| 155 | - a menudo | |
| 156 | h abitación | |

**LL/Y**

| | | | | | |
|---|---|---|---|---|---|
| 157 | apo **y** ar | | 178 | álbu **m** | |
| 158 | ca **ll** ar | | 179 | pere **n** ne | |
| 159 | e **ll** os | | 180 | hi **m** no | |
| 160 | ha **ll** ar | | 181 | i **n** novación | |
| 161 | **ll** amar | | 182 | gi **m** nasia | |

**NIVEL 3**

**B/V**

| | | | | | |
|---|---|---|---|---|---|
| 162 | o **y** eron | | 1 | cue **v** a | |
| 163 | **ll** egar | | 2 | **v** erso | |
| 164 | mi **ll** ón | | 3 | ha **b** as | |
| 165 | **ll** orar | | 4 | ala **b** ar | |
| 166 | destru **y** ó | | 5 | cla **v** el | |
| 167 | **ll** evar | | 6 | des **v** án | |
| 168 | constru **y** ó | | 7 | **v** acuna | |
| 169 | **ll** enar | | 8 | há **b** ito | |

| | | | |
|---|---|---|---|
| 9 | her **v** ir | 33 | res **b** alar |
| 10 | ner **v** io | 34 | resol **v** er |
| 11 | no **v** ela | 35 | sal **v** arse |
| 12 | pro **b** ar | 36 | tra **v** ieso |
| 13 | sil **b** ar | 37 | **v** ehículo |
| 14 | **v** ariar | 38 | zam **b** omba |
| 15 | ví **b** ora | 39 | a **b** undante |
| 16 | **v** irtud | 40 | atra **v** esar |
| 17 | a **v** anzar | 41 | **b** eneficio |
| 18 | sin em **b** argo | 42 | **b** erenjena |
| 19 | ga **v** iota | 43 | carní **v** oro |
| 20 | im **b** écil | 44 | compro **b** ar |
| 21 | re **b** elde | 45 | conser **v** ar |
| 22 | **v** entaja | 46 | con **v** encer |
| 23 | ver **b** ena | 47 | con **v** ertir |
| 24 | absor **b** er | 48 | espa **b** ilar |
| 25 | a **v** aricia | 49 | fa **v** orable |
| 26 | **b** endecir | 50 | ha **b** ilidad |
| 27 | cha **v** ales | 51 | ha **b** itante |
| 28 | em **b** ajada | 52 | her **b** ívoro |
| 29 | esqui **v** ar | 53 | indi **v** iduo |
| 30 | obser **v** ar | 54 | uni **v** ersal |
| 31 | pár **v** ulos | 55 | **v** agabundo |
| 32 | pri **v** arse | 56 | apro **v** echar |

| | | |
|---|---|---|
| 57 | e **v** aporarse | 79 | re **g** ión |
| 58 | inter **v** enir | 80 | sur **g** ir |
| 59 | in **v** estigar | 81 | ener **g** ía |
| 60 | **v** ertebrado | 82 | refu **g** io |
| 61 | desen **v** olver | 83 | ré **g** imen |
| 62 | equi **v** ocarse | 84 | trá **g** ico |
| 63 | mara **v** illoso | 85 | a **g** ilidad |
| 64 | posi **b** ilidad | 86 | **j** ilguero |
| 65 | sin **v** ergüenza | 87 | pasa **j** ero |

## C/Z/CC

| | | |
|---|---|---|
| 66 | a **cc** eder | 88 | prote **g** er |
| 67 | se **cc** ión | 89 | beren **j** ena |
| 68 | rela **c** ión | 90 | ve **g** etación |

## GU/GÜ

| | |
|---|---|
| 69 | atra **cc** ión |
| 70 | inye **cc** ión | 91 | ju **gu** é |
| 71 | afi **c** ión | 92 | **gu** erra |
| 72 | instru **cc** ión | 93 | se **gu** ir |
| 73 | destru **cc** ión | 94 | ci **gü** eña |

## G/J

| | |
|---|---|
| | 95 | ju **gu** ete |
| | 96 | al **gu** ien |
| 74 | fi **j** é | 97 | ho **gu** era |
| 75 | aco **g** er | 98 | bilin **gü** e |
| 76 | cru **j** ir | 99 | jil **gu** ero |
| 77 | exi **g** ir | 100 | para **gü** ero |
| 78 | ló **g** ico | 101 | si **gu** iente |

138

| | | | | | | | |
|---|---|---|---|---|---|---|---|
| 102 | anti | **gü** | edad | 125 | ex | **-** | uberante |
| 103 | distin | **gu** | ir | 126 | | **h** | omosexual |
| 104 | sinver | **gü** | enza | 127 | | **h** | erramienta |

## H/sin H

| | | | | | | | | |
|---|---|---|---|---|---|---|---|---|
| 105 | | **-** | izar | 128 | ca | **y** | ó | *al suelo* |
| 106 | *gritó* | ¡a | **h** | ! | 129 | cu | **y** | o |
| 107 | | **h** | oyo | 130 | *un* | ho | **y** | o *profundo* |
| 108 | | **h** | abas | 131 | *una* | ra | **y** | a *negra* |
| 109 | co | **h** | ete | 132 | | | **y** | eso |
| 110 | | **h** | ábito | 133 | *estoy* | | **y** | endo *bien* |
| 111 | | **-** | ovario | 134 | arro | **ll** | ó | *al ciclista* |
| 112 | a | **h** | ogado | 135 | deta | **ll** | e |
| 113 | alco | **h** | ol | 136 | le | **y** | endo |
| 114 | | **h** | igiene | 137 | esca | **y** | ola |
| 115 | | **h** | inchar | 138 | pro | **y** | ecto |
| 116 | almo | **h** | ada | 139 | constru | **y** | ó |
| 117 | des | **h** | acer | 140 | desa | **y** | unar |
| 118 | | **h** | erencia | 141 | desarro | **ll** | o |
| 119 | pro | **h** | ibir | 142 | a | **y** | untamiento |
| 120 | | **-** | óseo |

## S/X

| | | | |
|---|---|---|---|
| 121 | ve | **h** | ículo |
| 122 | | **h** | orizonte | 143 | bo | **x** | eo |
| 123 | zana | **h** | oria | 144 | te | **x** | to |
| 124 | ex | **h** | ibición | 145 | au | **x** | ilio |
| | | | | 146 | e | **x** | amen |

| | | |
|---|---|---|
| 147 | e **s** | fuerzo |
| 148 | e **x** | terior |
| 149 | e **x** | traño |
| 150 | e **x** | tremo |
| 151 | pró **x** | imo |
| 152 | e **s** | quiar |
| 153 | e **x** | plicar |
| 154 | e **x** | celente |
| 155 | e **x** | cursión |
| 156 | e **s** | pléndido |
| 157 | é **x** | ito |
| 158 | e **x** | igir |
| 159 | e **x** | acto |
| 160 | má **x** | imo |
| 161 | e **x** | cavar |
| 162 | e **x** | istir |
| 163 | e **x** | plotar |
| 164 | e **x** | poner |
| 165 | e **x** | pulsar |
| 166 | e **x** | presar |
| 167 | e **s** | casez |
| 168 | e **x** | ceso |
| 169 | asfi **x** | ia |
| 170 | e **s** | parcir |

| | | |
|---|---|---|
| 171 | e **x** | cepto |
| 172 | e **s** | pía |
| 173 | e **x** | quisito |
| 174 | e **s** | pectador |
| 175 | e **x** | pediente |
| 176 | e **x** | posición |
| 177 | e **s** | pontáneo |
| 178 | e **s** | peluznante |
| 179 | e **x** | periencia |
| 180 | e **x** | perimento |
| 181 | e **x** | tinguirse |
| 182 | apro **x** | imadamente |

# Anexo 3 LETRAS MAYÚSCULAS

| | | | | |
|---|---|---|---|---|
| **1.** *Nivel 1*<br>DESPUÉS<br>DE PUNTO | **2.** *Nivel 1*<br>DESPUÉS<br>DE DOS PUNTOS<br>(a veces) | **3.** *Nivel 1*<br>DESPUÉS<br>DE PUNTOS<br>SUSPENSIVOS<br>(a veces) | **4.** *Nivel 1*<br>DESPUÉS DE<br>INTERROGACIÓN<br>Y EXCLAMACIÓN<br>(a veces) | **5.** *Nivel 1*<br>NOMBRES,<br>APELLIDOS,<br>APODOS... |
| **6.** *Nivel 1*<br>PERSONAJES<br>DE FICCIÓN | **7.** *Nivel 1*<br>ASIGNATURAS | **8.** *Nivel 1*<br>EQUIPOS<br>DEPORTIVOS | **9.** *Nivel 1*<br>CONJUNTOS<br>MUSICALES<br>Y ARTÍSTICOS | **10.** *Nivel 1*<br>PARTIDOS<br>POLÍTICOS |
| **11.** *Nivel 2*<br>LIBROS,<br>CUADROS,<br>PELÍCULAS... | **12.** *Nivel 2*<br>PRENSA | **LETRAS<br>MAYÚSCULAS** | **13.** *Nivel 2*<br>DIOSES, SERES<br>RELIGIOSOS Y<br>MITOLÓGICOS | **14.** *Nivel 2*<br>SIGLAS<br>Y ACRÓNIMOS |
| **15.** *Nivel 2*<br>DIVISIÓN<br>DEL TERRITORIO | **16.** *Nivel 2*<br>BARRIOS,<br>CALLES, PLAZAS,<br>PARQUES... | **17.** *Nivel 2*<br>ACCIDENTES<br>GEOGRÁFICOS | **18.** *Nivel 3*<br>CUERPOS<br>CELESTES | **19.** *Nivel 3*<br>SIGNOS<br>DEL ZODIACO |
| **20.** *Nivel 3*<br>FESTIVIDADES,<br>EVENTOS<br>Y PREMIOS | **21.** *Nivel 3*<br>ASOCIACIONES,<br>GRUPOS... | **22.** *Nivel 3*<br>EDIFICIOS,<br>MONUMENTOS,<br>ESTABLECIMIENTOS | **23.** *Nivel 3*<br>ENTIDADES.<br>INSTITUCIONES,<br>ORGANISMOS... | **24.** *Nivel 3*<br>PERIODOS<br>HISTÓRICOS |

# Anexo 4 ACENTUACIÓN

**VOCALES**

ABIERTAS a,e,o | CERRADAS u,i

## Paso 1. IDENTIFICA LA VOCAL MÁS SONORA
[sombrero]

En cada palabra hay una vocal más sonora que las demás. Sobre ella siempre recae la mayor duración e intensidad de voz: m*e*sa, vent*a*na, com*é*is, ba*ú*l, hi*e*rro; fre*í*r; estudiar*í*ais, o*í*ais...

Es muy fácil de identificar. Únicamente pueden surgir dudas en las palabras que presentan dos o más vocales seguidas. En este caso—¡muy importante!—, separa las vocales al pronunciarlas; no las pronuncies en el mismo golpe de voz: [co.m*ééé*.is], [ba.*úúú*l], [hi.***eee***.rro], [fre.***iii***r], [sal.ta.r***ííí***.a.is], [o.***iii***.a.is]...

**Recuerda:** No es una división silábica; es la estrategia para encontrar la vocal que se pronuncia con mayor «DURACIÓN E INTENSIDAD».

## Paso 2. TILDE DIRECTA EN UNA VOCAL CERRADA
[gafas y nariz]

Si la vocal más sonora es una cerrada (*u, i*: nariz), y está en contacto con una vocal abierta (*a, e, o*: gafas), se coloca directamente tilde sobre ella: fre*í*r, ba*ú*l...

La regla también es válida para las palabras que llevan tres o más vocales seguidas: saltar*í*ais, o*í*ais...

Estas palabras no necesitan más reglas para colocarles la tilde.

## Paso 3. SEPARA LA PALABRA EN SÍLABAS
[brazos separados con los relojes]

Hay palabras cuya vocal más sonora no es cerrada, o es una cerrada que no está en contacto con una vocal abierta. En este caso, se ha de continuar el camino de la tilde y dividir la palabra en sílabas.

Para dividir la palabra en sílabas, sigue esta regla: «*Si en una palabra hay dos vocales en contacto, esas vocales solo se pueden separar en sílabas diferentes si ambas son abiertas*» (fe-o, te-a-tro, le-er, cl*o*-a-ca...).

## Paso 4. CLASIFICA LA PALABRA
[cinturón]

Si la fuerza de voz recae en la sílaba:

- **última** AGUDA
- **penúltima** LLANA
- **antepenúltima** ESDRÚJULA
- **anterior a la antepenúltima:** SOBRESDRÚJULA

## Paso 5. APLICA LAS REGLAS
[pantalón]

Llevan tilde si terminan:

- **AGUDAS:** VOCAL, N, S
- **LLANAS:** CONSONANTE (excepto *n* y *s*)
- **ESDRÚJULAS:** SIEMPRE
- **SOBRESDRÚJULAS:** SIEMPRE